Bernd Buchterkirch, Julia Söhngen
Frankfurt mit Kind

W0189148

Bernd Buchterkirch

Julia Söhngen

FRANKFURT MIT KIND

Das Handbuch für Familien

2. komplett überarbeitete Auflage

Alle Rechte vorbehalten · Societäts-Verlag
© 2017 Frankfurter Societäts-Medien GmbH
Gestaltung/Design: Katharina Kottisch
Umsetzung/Satz: Julia Desch, Societäts-Verlag
Umschlaggestaltung: Katharina Kottisch
Umschlagabbildungen: Blumen: © istock loliputa; Skyline: © istock Prasit
Rodphan; Watercolor: © istock Prikhnenko; Kinder: © istock loliputa;
Silhouetten: © istock ririe777
Druck und Verarbeitung: CPI books GmbH, Leck
Printed in Germany 2017

ISBN 978-3-95542-264-6

EIN PAAR WORTE VORWEG...

Die komplett aktualisierte Neuausgabe des „Handbuchs für Familien" steckt wieder voller Geschichten, Tipps und Ideen für Frankfurter Familien und Besucher unserer schönen Stadt, die hier etwas mit Kindern im Alter von 0 bis zwölf Jahren unternehmen möchten. Schließlich hat Frankfurt jede Menge zu bieten!

Und so finden Sie auch in Band 2 von „Frankfurt mit Kind" wieder Kultur- und Shoppingtipps, Sie entdecken, wo die Mainmetropole buchstäblich zum Großstadt-Dschungel wird, es gibt Bastel- und Rezeptideen für gutes und schlechtes Wetter, und natürlich sind auch die beliebten „Stadtteilkinder" aus Band 1 wieder mit dabei und gewähren ihren ganz persönlichen und kindlichen Blick auf die Stadt.

A propos Einblick: Spannend ist auch, was die diesmal porträtierten Frankfurter Familien erzählen, die ihre Heimat aus den unterschiedlichsten Gründen verlassen und in der Stadt am Main ihr neues Zuhause gefunden haben. Gegen evtl. aufkommendes Heimweh helfen ihre Lieblingsrezepte, die sie uns hier ebenfalls verraten.

Und weil auch der Blick über den Tellerrand immer guttut, haben wir natürlich wieder tolle Ausflugstipps in der Region für Sie zusammengestellt – schließlich hält auch das Umland allerhand Entdeckenswertes für Frankfurter Familien bereit.

Ganz egal also, ob Sie nach Informationen zu Beratungs-, Bildungs- und Betreuungsangeboten suchen, wissen möchten, wo es besonders familienfreundliche Cafés für das entspannte Sonntagsfrühstück außer Haus gibt oder nach Kulturangeboten für die Jüngsten suchen – Band 2 von „Frankfurt mit Kind" weiß sicher Rat.

Wir wünschen Euch und Ihnen viel Vergnügen beim (Neu-)Entdecken unserer Stadt!

Bernd Buchterkirch & Julia Söhngen

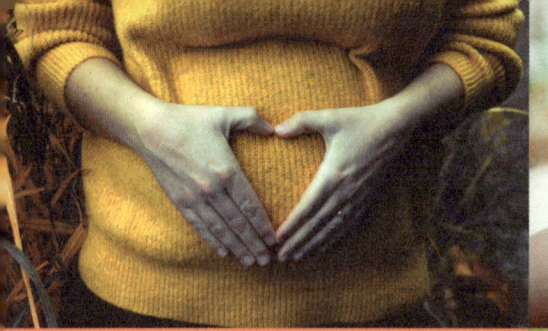

SCHWANGERSCHAFT UND GEBURT

SCHICK UND SCHÖN

GROSS UND STARK

SEHEN UND ENTDECKEN

UND JETZT?

WIESO? WESHALB? WARUM?

AB NACH DRAUßEN

KINDERGEBURTSTAG

WUSSTEST DU EIGENTLICH, DASS...

...Frankfurt erstmals 794 n. Chr. urkundlich erwähnt wurde? Damals allerdings als „Franconofurd".

...die Gärtner des Frankfurter Grünflächenamtes 200.000 Bäume in städtischen Parkanlagen, Kitas und Schulen pflegen?

... seit Jahrzehnten auf dem 258 Meter hohen Tower der Commerzbank Wanderfalken brüten?

... HANDKÄS NIEMALS MIT EINER GABEL GEGESSEN WIRD?

...allein im Stadtwald 100 Vogelarten, über 1.300 Käferarten, 376 Schmetterlingsarten und zehn Fledermausarten leben? Hinzu kommen Säugetiere wie Fuchs, Dachs und Marder, Reh- und Damwild und seit einigen Jahren auch der Waschbär.

...die Untere Naturschutzbehörde in Frankfurt bislang 27 Bäume als Naturdenkmäler unter besonderen Schutz gestellt hat? Unter anderem die Eiche auf dem Höchster Schlossplatz (Pflanz-

jahr: 1872), der Gingkobaum am Petrihaus im Rödelheimer Brentanopark (Pflanzjahr um 1750), die einsame Rosskastanie auf einem Acker zwischen Nieder-Erlenbach und Nieder-Eschbach (Pflanzjahr um 1880).

...der Frankfurter Flughafen nicht nur Europas größter Frachtflughafen und einer der größten Passagierflughäfen ist, sondern ebenfalls ein eigenständiger Stadtteil?

...das Frankfurter Stadtwappen seit dem 13. Jahrhundert einen silbernen Adler auf rotem Hintergrund zeigt? Er trägt eine goldene Krone, hat eine blaue Zunge und Krallen und spreizt seine Flügel.

...hier derzeit mindestens 53 Säugetierarten bekannt sind, von denen allein 15 Fledermäuse sind?

... ES IN FRANKFURT SIEBEN NATURSCHUTZGEBIETE GIBT?

...von den 197 Staaten der Erde Menschen aus 177 Ländern hier ihr Zuhause gefunden haben?

...sich im Kaisersaal im Römer 52 Gemälde mit allen Königen und Kaisern des Heiligen Römischen Reichs Deutscher Nationen befinden?

...in die „Grüne Soße" traditionell sieben Kräuter gehören? Das sind: Borretsch, Kerbel, Kresse, Petersilie, Pimpinelle, Sauerampfer und Schnittlauch, und dass sie angeblich eine von Goethes Lieblingsspeisen gewesen sein soll?

...die goldene Amtskette des Frankfurter Oberbürgermeisters etwa 2.000 g wiegt und einen Anhänger aus Elfenbein hat?

... fast jeder sechste Bewohner (16,4 Prozent) Frankfurts jünger als 18 Jahre ist?

...rund 80 Prozent der gut 730.000 Einwohner Frankfurts im Umkreis von 300 Metern einen der mehr als 40 Stadtparks in unmittelbarer Nähe haben?

... mittlerweile über 1.000 Nilgänse in Frankfurt heimisch sind? Tendenz steigend.

... der Eiserne Steg 173,59 m lang und 5,44 m breit ist und für ihn etwa 50 Tonnen Stahl verbaut wurden? Das entspricht etwa dem Gewicht von 100 afrikanischen Elefanten!

... Frankfurt Partnerschaften mit 17 Städten auf vier Kontinenten unterhält? Die Partnerstädte sind: Birmingham (England), Budapest (Ungarn), Deuil-La-Barre (Frankreich), Dubai (Vereinigte Arabische Emirate), Eskisehir (Türkei), Granada (Nicaragua), Kanton Guangzhou (China), Kairo (Ägypten), Krakau (Polen), Leipzig, Lyon (Frankreich), Mailand (Italien), Philadelphia (USA), Prag (Tschechien), Tel Aviv (Israel), Toronto (Kanada) und Yokohama (Japan).

... gut 52 Prozent der Frankfurter Stadtfläche grün ist? Der Grüngürtel nimmt davon gut ein Drittel ein.

... der Frankfurter Stadtwald mit rund 5.785 Hektar Fläche (3.866 Hektar innerhalb der Stadtgrenzen) einer der größten Stadtwälder von Deutschland ist?

... der Jacobiweiher nahe der Isenburger Schneider mit sechs Hektar Fläche Frankfurts größtes Gewässer ist und man dort außerdem die höchsten Buchen Hessens bestaunen kann? Sie sind etwa 40 Meter hoch.

... in Frankfurt 729.624 Menschen leben (Stand: Dezember 2016)?

... Frankfurt 2014/15 zu den drei Finalisten um den Titel einer europäischen „Green City" gehörte und 2014 als europäische „Stadt der Bäume" ausgezeichnet wurde?

... Frankfurts Bevölkerung überwiegend (50,3 Prozent) weiblich ist?

... DAS STADTGEBIET FÜR STATISTISCHE ZWECKE IN 46 STADT- UND ORTSTEILE AUFGETEILT IST, ES DEM NAMEN NACH ABER NUR 43 STADTTEILE GIBT?

... das Frankfurter Liniennetz, auf dem täglich mehr als 600 Busse und U- und Straßenbahnen fahren, fast 700 Kilometer lang ist?

... die Frankfurter Altstadt der Fläche nach Frankfurts kleinster Stadtteil ist und der größte nach Fläche und Einwohnerzahl Sachsenhausen?

WIESO HEISST FRANKFURT EIGENTLICH FRANKFURT?

Um die Entstehung des Namens „Frankfurt" rankt sich eine Legende: Der Frankenkönig Karl der Große führte zwischen 772 und 804 n.Chr. einen erbitterten Krieg gegen die Sachsen. Nach einer verlorenen Schlacht musste Karl mit seinem Heer vor den Sachsen fliehen. Auf der Flucht gelangte er an einem nebligen Tag an den Main. Dort beobachtete er eine weiße Hirschkuh, die zusammen mit ihrem Jungen den Fluss an einer seichten Stelle, einer sogenannten Furt, durchquerte. Nun wussten auch Karl der Große und seine Leute, wo sie den Main gefahrlos passieren konnten. Die sie verfolgenden Sachsen wussten dies jedoch nicht, und mancher von ihnen ertrank im Main. Aus Freude und Dankbarkeit ließ Karl der Große an jener Stelle zum Schutz der Furt eine Brücke errichten. Übrigens steht die „Alte Brücke", die älteste Brücke der Stadt, genau an dieser Stelle.

… auf dem Naturlehrpfad unweit der Schwanheimer Waldwiesen der Stamm einer 350 Jahre alten Eiche zu bestaunen ist? An ihren Jahresringen sind bedeutende Daten der Frankfurter Historie markiert, wie Goethes Geburtstag oder der Tag der Nationalversammlung in der Paulskirche.

… es in Frankfurt 3.735 Straßen gibt (Stand 2016)? Dabei ist die Homburger Landstraße mit 8.800 m die längste, die Mainstraße mit 7 m die kürzeste.

… auf der Buslinie 75, die zwischen der Bockenheimer Warte, dem Uni-Campus Westend, dem Palmengarten und dem Botanischen Garten verkehrt, ab Dezember 2018 nur noch emissionsfreie Elektrobusse fahren werden?

… es neben dem Main noch mehr als 25 weitere Bäche und Wasserläufe gibt?

… es auf dem Dach des MMK seit dem Jahr 2008 ein Bienenprojekt der Künstlergruppe „finger" mit etwa 650.000 Bienen gibt, die den „Frankfurter Museumshonig" sammeln?

… aktuell 96 Fluggesellschaften die Mainmetropole mit 299 Zielorten in etwa 100 Ländern verbinden?

… etwa 350.000 Pendler in Frankfurt arbeiten? Das sind Menschen, die hier zum Arbeiten herkommen, aber in einer anderen Stadt wohnen.

… es in Frankfurt heimische Reptilien und Amphibienarten gibt, nämlich Mauer- und Zauneidechsen, Ringel- und Schlingnattern, Blindschleichen, Kamm- und Teichmolche, Kreuz-, Wechsel- und Knoblauchkröten, Wasser- und Springfrösche sowie die Europäische Sumpfschildkröte?

… die neun Glocken des Domes zusammen etwa 23.384,5 kg wiegen?

… die Stadtbücherei Frankfurt in den 19 öffentlichen Bibliotheken rund 153.000 Kinder- und Jugendmedien anbietet? Bilderbücher, Kinder- und Jugendromane, Sachbücher, Filme, Hörbücher, Lernhilfen, Mangas, Games, Spiele, Zeitschriften u.a.

… im Durchschnitt täglich 450.000 Reisende und Besucher in den Frankfurter Hauptbahnhof kommen und hier täglich mehr als 340 Fern- und 300 Nahverkehrszüge fahren? Außerdem fahren 1.100 S-Bahnen den Hauptbahnhof an.

… DIE ZENTRALE KINDER- UND JUGENDBIBLIOTHEK (KIBI) IN BORNHEIM VOR ORT ÜBER 45.000 MEDIEN VERFÜGT UND IM VERGANGENEN JAHR 2016 RUND 11.000 BESUCHE ZÄHLTE?

… der Kinderbuchklassiker Struwwelpeter des Frankfurter Arztes Heinrich Hoffmann in über 35 Sprachen übersetzt worden ist? Heinrich Hoffmann schrieb das Bilderbuch 1845 ursprünglich als Weihnachtsgeschenk für seinen Sohn Carl.

… der Grüngürtel vollständig auf dem Frankfurter Stadtgebiet liegt und etwa 80 Quadratkilometer, also 8.000 Hektar groß ist? Das entspricht einem Drittel der Stadtfläche.

… der Main das Frankfurter Stadtgebiet von Fechenheim bis Sindlingen auf einer Gesamtlänge von rund 27 km durchquert?

... Frankfurter Würst-
chen zum Verzehr nicht
gekocht, sondern maximal
acht Minuten in heißem
Wasser erhitzt werden,
damit die Haut nicht auf-
platzt? Sie werden übrigens
traditionell paarweise mit
Senf oder Meerrettich und
Brot oder Kartoffelsalat
gegessen.

... neun der zehn
größten Hochhäu-
ser Deutschlands in
Frankfurt stehen? Das
höchste Haus ist der
Commerzbanktower
mit 259 Metern (56
Etagen), gefolgt vom
Messeturm mit 257
Metern (64 Etagen).

... der Fernmelde-
turm, auch bekannt
als „Fernsehturm"

oder „Ginnheimer
Spargel" mit einer
Höhe von 337,5m
das zweithöchste
freistehende Bau-
werk Deutsch-
lands nach dem
Berliner Fernseh-
turm ist?

... es in Frankfurt sieben
Waldspielparks gibt,
die zwischen 1950 und
1970 angelegt wurden?
Der Abenteuerspiel-
platz Riederwald, der
Waldspielpark Carl-von-
Weinberg, der Wald-
spielpark Goetheturm,
der Waldspielpark
Heinrich-Kraft-Park, der
Waldspielpark Louisa,
der Waldspielpark
Scheerwald, der Wald-
spielpark Schwanheim
und der Waldspielpark
Tannenwald.

... es ganzjährig mög-
lich ist, die 66 Meter
hochgelegene Plattform
des Frankfurter Doms
zu besichtigen? Dafür
muss man allerdings
gut 300 Stufen in einem
engen Treppenhaus
hochsteigen.

... es in Frankfurt insgesamt noch etwa 4.000
Hektar landwirtschaft-
lich genutzte Flächen
gibt? Das sind 40
Quadratkilometer und
rund ein Sechstel des
Stadtgebietes.

... von den weltweit insgesamt gut 1.100 vorkom-
menden Fledermausarten
immerhin 15 bei uns leben?
Die kleinste Frankfurterin
ist die „Zwergfledermaus".
Sie wiegt gerade einmal fünf
Gramm und ist so groß wie

WARUM IST AUF DER ALTEN BRÜCKE EIN GOLDENER HAHN MIT KRONE ZU SEHEN?

Um den „Briggegickel" rankt sich eine der bekanntesten Frankfurter Sagen. Der Baumeister der Brücke über den Main kam damals mit dem Bau in Verzug. Damit die Brücke noch bis zum vereinbarten Termin fertig werde, ging der Baumeister einen Pakt mit dem Teufel ein. Als Lohn verlangte der Teufel das erste Lebewesen, das über die Brücke geht. Der Baumeister wusste, dass das eigentlich er sein müsste, da es üblich war, dass der Brückenmeister als erster sein vollendetes Werk überquerte.

Tatsächlich stellte der Teufel die Brücke über Nacht fertig. Der Brückenmeister entsann nun eine List, um sein Leben zu retten: Er fing einen Hahn und jagte ihn vor sich her, während er über die Brücke ging. Somit war der Hahn und nicht er selbst das erste Lebewesen, das die Brücke passierte. Darüber wurde der Teufel so wütend, dass er den Hahn ergriff und durch die Brücke warf. Dadurch entstanden zwei Löcher, die niemals zugemauert werden konnten. Am liebsten hätte der Teufel die gesamte Brücke zerstört, doch begannen die Kirchenglo-cken zu läuten und es näherte sich der feierliche Zug mit einem vorangetragenen Kreuz, um die Brücke einzuweihen. Zur Erinnerung an seine Rettung ließ der Brückenbaumeister ein kunstvolles Kreuz mit einem goldenen Hahn in der Mitte der Brücke anbringen. Das Loch in der Brücke ist übrigens heute nicht mehr zu sehen, da die Alte Brücke im 19. Jahrhundert abgerissen und neu aufgebaut wurde.

eine Streichholzschachtel. Die größte ist das „Große Mausohr", ungefähr so groß wie ein Sperling mit einer Flügelspannweite von 40 cm.

…das Grüngürteltier im Jahr 2001 von Robert Gernhardt entworfen wurde und eine „Kreuzung aus Wutz, Molch und Star" ist?

… ES IM GESAMTEN STADTGEBIET NOCH VIELE WEITERE GRÜNANLAGEN, 50 PARKS, SPIELPLÄTZE UND WIESEN GIBT, DIE GUT 7,5 KM² DES GESAMTEN STADTGEBIETES EINNEHMEN?

…es im Palmengarten über 15.000 Pflanzenarten gibt?

…im Frankfurter Zoo mehr als 4.500 Tiere aus etwa 450 Arten leben? Das größte Tier ist derzeit das

Giraffen-Männchen „Hatari" mit geschätzten 5,5 Metern Kopfhöhe, das kleinste ist die südamerikanische Blattschneiderameise mit etwa 3 bis 4 mm Körperlänge.

…es in Frankfurt noch etwa 90 landwirtschaftliche Betriebe gibt? Darunter Großbetriebe, die großflächig Zuckerrüben und Getreide anbauen sowie kleine Mischbetriebe, die eher traditionell arbeiten.

… IM FRANKFURTER OSTEND MIT DEM DE-CIX DER GRÖSSTE INTERNETKNOTEN DER WELT SITZT?

…der Goetheturm im Stadtwald mit 43 Meter Höhe zu den höchsten Holztürmen Deutschlands zählt und (nach Wiederaufbau) eine herrliche Aussicht auf den Frankfurter Grün-Gürtel und die Skyline Frankfurts bietet?

… sogar der Weißstorch wieder in Frankfurt heimisch ist?

…das Frankfurter Würstchen ausschließlich aus reinem Schweinefleisch besteht? Die dünne Brühwurst im zarten Saitling (das ist der Dünndarm vom Schaf) erhält ihren typischen Geschmack durch ein spezielles Räucherverfahren bei niedrigen Temperaturen.

…Frankfurt eine Fläche von 248.3 km² einnimmt?

…die Frankfurter Eintracht 1959 Deutscher Fußballmeister gewesen ist?

…IM MAIN IN FRANKFURT ETWA 40 FISCHARTEN LEBEN?

KOMM VORBEI!

Entdecke die Geschichten der Frankfurter Judengasse

MUSEUM JUDENGASSE
FRANKFURT MAIN

BATTONNSTRASSE 47, 60311 FRANKFURT AM MAIN
WWW.MUSEUMJUDENGASSE.DE
WWW.FACEBOOK.COM/JUEDISCHESMUSEUMFFM

SCHWANGERSCHAFT UND GEBURT

1+1=3

Ok, seit ein paar Wochen fühlst du dich irgendwie – anders. Insgeheim ahnst du natürlich längst den Grund – auch weil deine Periode seit mindestens acht Tagen überfällig ist. Aber so richtig, richtig begreifst du es erst, wenn diese zwei geheimnisvollen Striche nach fünf irrwitzig langen Minuten des Wartens auf dem Schwangerschaftstest erscheinen: Ein Wahnsinn! Kann das sein?! Das kann sein, denn dein Körper kann das. Ganz natürlich und als ob er noch nie etwas anderes gemacht hätte. Aber wenn's dann tatsächlich so weit ist, dann kannst du es kaum glauben, wetten?! Ok, jetzt bloß nichts überstürzen! Klar, den Papa in spe weihst du ein, vielleicht auch die besten Freunde und, je nachdem, evtl. auch die zukünftigen Großeltern.

Einen Termin bei deinem Frauenarzt solltest du auf jeden Fall baldmöglichst ausmachen. Der wird die Schwangerschaft mit einem Bluttest nachweisen, und dir, je nachdem, wie weit die Schwangerschaft schon vorangeschritten ist, auch einen Mutterpass aushändigen, den du künftig immer bei dir tragen wirst. Überhaupt werden dein Gynäkologe und du euch in den kommenden neun Monaten mindestens einmal alle vier Wochen sehen (es sei denn, du splittest die Vorsorge zwischen Arzt und Hebamme, das ist nämlich auch möglich, siehe Kasten).

Die ersten zwölf Wochen, sagt man, ist so eine Schwangerschaft ein ziemlich wackeliges Geschäft, und es kann jederzeit noch zu einem sogenannten „Abgang" kommen. Daher warten die meisten werdenden Eltern diese ersten drei Monate noch ab, bevor sie die frohe Botschaft öffentlich machen. Aber auch danach ist das Ganze noch nicht so richtig fassbar. Je nachdem, ob du dein erstes Kind erwartest oder bereits Kinder hast, werden Außenstehende in den ersten Wochen sowieso noch nichts oder allenfalls ein kleines Bäuchlein bemerken. Blöde Fragen diesbezüglich kannst du mit dem Hinweis auf ein „Food Baby" abtun – es leben die herrlich sinnentleerten Begriffe der Yellow Press.

GUT ZU WISSEN

Vorsorge beim Frauenarzt und/oder der Hebamme? Es geht auch beides!

Wohin werdende Mütter für die Vorsorgeuntersuchungen, die im Rahmen der Mutterschaftsrichtlinien von der Krankenkasse bezahlt werden, gehen – ob zum Frauenarzt oder zur Hebamme oder zu beiden im Wechsel – steht ihnen in Deutschland offen. Das wissen aber viele Frauen nicht. Die Hebamme ist nämlich nicht nur während und nach der Geburt für Mutter und Kind da, sondern auch schon vor und während der Schwangerschaft. Ebenso wie ein Arzt untersucht die Hebamme Gewicht, Herztöne, die Lage des Kindes und den Zustand der Gebärmutter, darf Blut abnehmen und den Urin untersuchen. Einzig für die drei vorgesehenen Ultraschalluntersuchungen muss die Schwangere die Frauenarztpraxis aufsuchen. Das ist auch so, wenn sie sich für eine ausschließliche Vorsorge bei der Hebamme entschieden hat. Risikoschwangere oder Frauen, die in einer vorhergehenden Schwangerschaft Probleme hatten, sind allerdings beim Arzt besser aufgehoben, ebenso Frauen, bei denen während der Schwangerschaft Komplikationen wie vorzeitige Wehen, Wachstumsstörungen des Babys oder andere Auffälligkeiten auftreten. Frauen, die sich für eine gemeinsame Schwangerschaftsbetreuung durch Arzt und Hebamme entscheiden, haben den Vorteil, bereits während der Schwangerschaft die Hebamme kennenzulernen, die sie dann auch später im Wochenbett begleitet.

In den dann folgenden (hoffentlich unkompliziert und komplikationslos) verlaufenden Wochen macht ihr werdenden Eltern euch dann irgendwann Gedanken darüber, wie und wo euer Baby eigentlich zur Welt kommen soll. Ob du dir eine Geburt weitgehend ohne Schmerzmittel in der familiären Atmosphäre eines Geburtshauses oder eine Hausgeburt vorstellen kannst, oder lieber doch auf die medizinische Rundumversorgung im Krankenhaus vertraust. Oder noch grundsätzlicher: Ob du dich auf eine natürliche Geburt einlassen möchtest oder doch den planbaren Kaiserschnitt vorziehst. Ganz, ganz wichtig ist, – und das liegt uns wirklich am Herzen! – dass du dich so früh wie möglich um eine Hebamme für die Nachsorge kümmerst! Denn die Zukunft der freiberuflichen Hebammen, die sich um das Wohlergehen der Schwangeren und die Nachsorge im Wochenbett kümmern, ist derzeit sehr ungewiss, und deren Suche gleicht mittlerweile der viel zitierten Suche nach der Nadel im Heuhaufen. Mit allen unschönen Konsequenzen für die werdende und frischgebackene Mutter.

Doch bevor es an die Nachsorge geht, hast du nun neun Monate Zeit, dich dem unglaublich vielfältigen Angebot an Kursen und Workshops für Schwangere hinzugeben: Ob Mamifit, Bauchtanz, Yoga, Wasser-Aerobic, Pilates – es gibt nichts, was es nicht gibt, damit die werdende Mutter in Bewegung bleibt. Das ist übrigens sehr sinnvoll – vorausgesetzt, Mama und Baby geht es gut. Besonders empfehlenswert sind Ausdauersportarten und alles, was die Kondition verbessert, beim Stressabbau hilft, das Durchhaltevermögen und das Selbstvertrauen steigert – gerade in Hinblick auf die nahende Geburt. Entscheidend ist, dass du regelmäßig über einen längeren Zeitraum trainierst, nicht ab und zu, kurz und heftig.

Und wenn das Kindchen dann da ist, geht's gleich weiter mit den Kursen. Ob Pekip, Pikler, Fabel, Musikgarten, Babyschwimmen oder Babymassage – auch hier ist das Angebot nahezu unerschöpflich. So ist das eben, wenn man in einer Großstadt lebt: Man hat die Qual der Wahl. Aber das ist doch auch ganz schön. Wir wünschen dir und euch auf jeden Fall viel Spaß beim Ausprobieren!

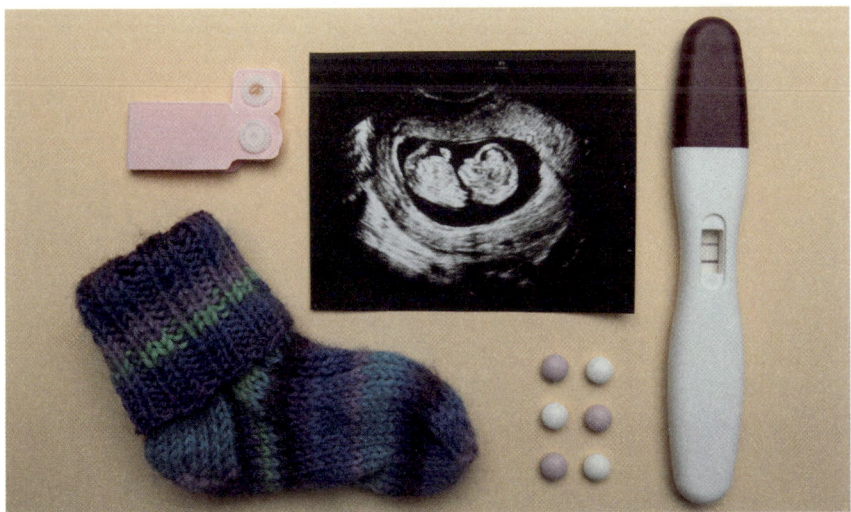

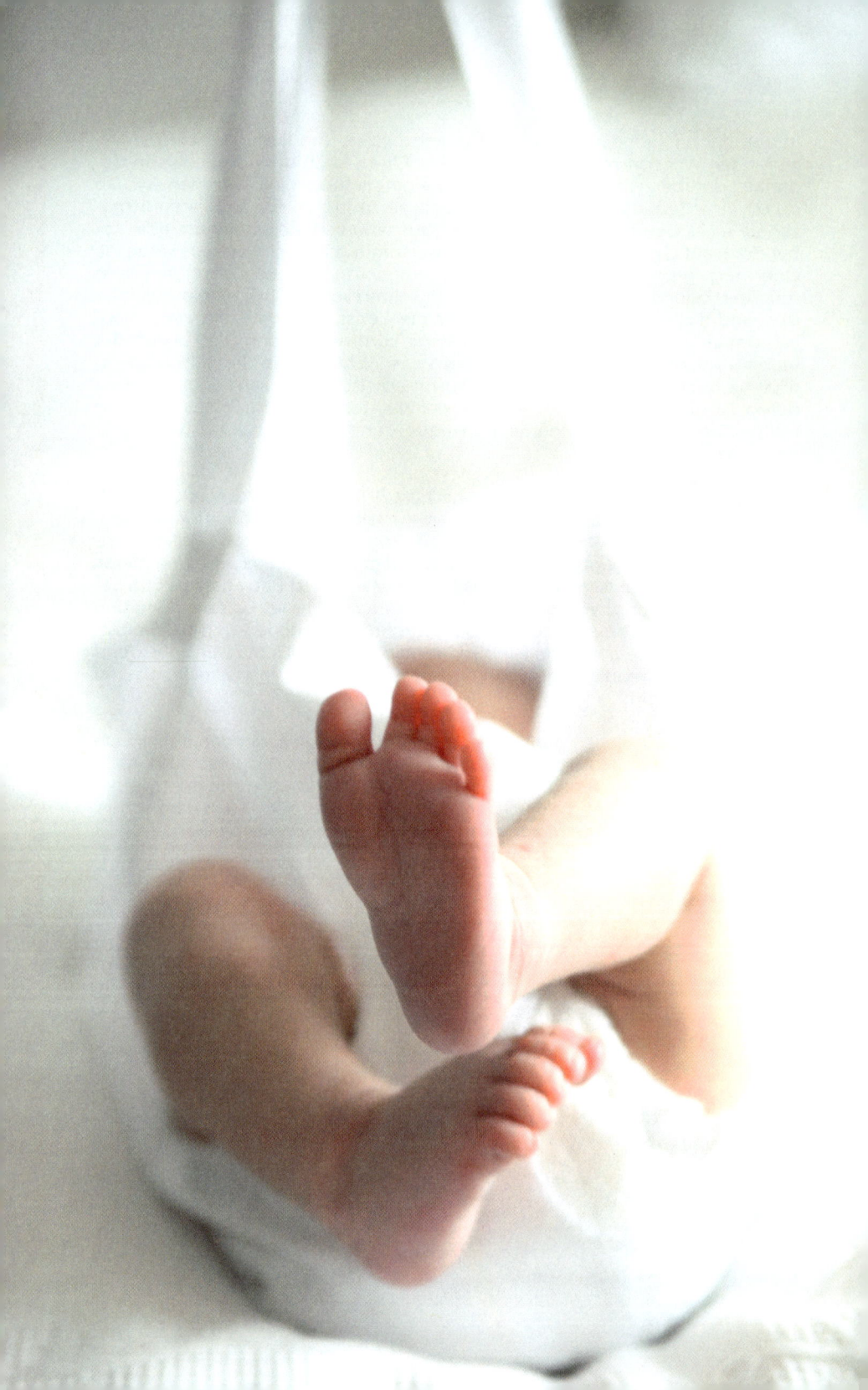

CHECKLISTE FÜR DEN START

Die Listen für die Baby-Erstausstattung sind lang. Klar: Kinderwagen, Baby-schale und Schlafsack müssen sein. Aber ein spezieller Windeleimer oder ein Atemkontrollgerät für die Matratze, um dem plötzlichen Kindstod vorzubeu-gen? Die wichtigsten Must- und Nice-to-Haves:

BABYOUTFITS
· 6–8 Wickelbodys mit seitlichen Druckknöpfen oder Bändchen (Größe 50–62)
· 6 Oberteile mit kurzen und langen Armen (Größe 56–62)
· 5 Strampler oder Hosen (Größe 50–62)
· 4 Strumpfhosen oder Leggins mit Füßchen
· 3–5 Paar dicke Babysöckchen (oder Wollsöckchen)
· 2 Schlafsäcke
· 2 Jacken (eine dicke und eine dünne, Größe 56–68)
· 2 Mützen (eine dicke und eine dünne)
· Overall (je nach Jahreszeit)

BABYPFLEGE
· 2 Badetücher mit Kapuze
· Einmal-Waschlappen
· Mülleimer (mit Deckel!)
· Waschschüssel mit zwei Becken
· Windeln (kleinste Größe, 2–5 kg) oder Stoffwindeln (mindestens 15 Stück)
· Mullwindeln als Spucktuch
· Mandelöl
· Traubenkern-/Kirschkernkisschen
· Moltontücher

BABYAUSSTATTUNG
· Kinderwagen
· Babyschale fürs Auto
· Babybett/Wiege/Babybay mit Matratze, Matratzenschoner und passenden Laken
· Babybadewanne

WENN DU STILLST
· 4 Still-BHs
· Stilleinlagen
· Lanolin-Brustwarzensalbe
· Stillhütchen

WENN DU NICHT STILLST
· 4 Milchfläschchen aus Glas oder Plastik
· Milchsauger aus Silikon oder Latex, Größe 1
· Baby-Anfangsnahrung
· Flaschenbürste
· 1 Thermosflasche (für abgekochtes Wasser, um nachts das Fläschchen vorzubereiten)
· Sterilisator

NICE TO HAVE
· Fleece- oder Fellsack für den Kinderwagen
· Tragetuch oder Babytrage
· Wickeltasche
· Babyfon
· Wärmestrahler
· Spieluhr
· Mobile
· Stillkissen
· Babykostwärmer
· Milchpumpe
· Reisebett
· Stubenwagen oder Wiege
· Wickelkommode mit Auflage
· Schaffell
· Babywippe
· Weiche Haarbürste
· Flaschenständer
· Regenschutz, Einkaufsnetz für den Kinderwagen
· Sonnenschutz fürs Auto

Auf Seite 152/153 findet ihr übrigens alle wichtigen Noftallnummern!

GUT ZU WISSEN
Woran erkennt man einen guten Kinderarzt?

- Der Kinderarzt sollte gut mit Kindern „können". Aber auch die Eltern wünschen sich ein hohes Maß an Aufmerksamkeit. Er sollte sich Zeit nehmen und dem Kind und den Eltern gleichermaßen zuhören und auf deren Fragen oder Sorgen eingehen. Ein guter Kinderarzt nennt das Verfahren, das er bevorzugt, klärt aber auch über mögliche Alternativen auf. Er sollte nie einfach sagen: „So machen wir das jetzt", sondern gemeinsam mit den Eltern eine Vorgehensweise erarbeiten. Das gilt auch für kontrovers diskutierte Themen, etwa das Impfen oder alternative Heilmethoden.
- Für eine eingehende Untersuchung braucht der Arzt Zeit. Es sollte nicht der Eindruck entstehen, dass man als Patient oder Elternteil schnell abgefertigt wird.
- Der Kinderarzt sollte souverän wirken und auch bei anstrengenden Kindern oder deren Eltern die Ruhe bewahren.
- Neben der fachlichen Kompetenz ist der wohl wichtigste Aspekt die Nähe der Praxis zum Wohnort des Kindes. Im Idealfall verfügt die Praxis über eigene Parkplätze.
- Im Allgemeinen werden Termine vereinbart, um unnötige Wartezeiten zu vermeiden. Muss man trotz Termin mehrere Stunden warten, bis das Kind endlich zur Sprechstunde darf, zeugt dies nicht von einer guten Praxis-Organisation. Dass Ärzte auch mal einen Notfall zwischendurch drannehmen, ist selbstverständlich!
- Eine Arztpraxis sollte sauber und ordentlich und das medizinische Gerät möglichst auf dem neuesten Stand sein. Um Wartezeiten zu überbrücken, sollten gerade beim Kinderarzt eine Spielecke, Bücher und Kinderspielzeug vorhanden sein.
- In der Praxis sollte eine professionelle, freundliche Atmosphäre herrschen. Macht das Personal an der Anmeldung schon einen guten Eindruck, fühlen sich Kinder und Eltern gleich gut aufgehoben.

HEBAMMEN

Auf den Internetseiten des **Landesverbands der Hebammen** (www.hebammen-hessen.de) oder des **Bunds der freiberuflichen Hebammen** (www.bfhd.de) finden werdende Eltern eine Hebamme in ihrer Nähe und können direkt mit ihr in Kontakt treten. Man erfährt hier auch, für welche Leistungen – etwa Vorsorge, Wochenbett, Hausgeburt etc. – die jeweilige Geburtshelferin zur Verfügung steht oder ob sie Fremdsprachen beherrscht, und kann per Telefon oder E-Mail direkt mit ihr in Kontakt treten. Darüber hinaus bietet unter anderem der Verein „Haus der Volksarbeit", der zur Stadtkirche Frankfurt gehört, in seinem „Zentrum Familie" jeden Donnerstag eine Sprechstunde mit der Hebamme Gajane Martirosjan an. Um vorherige Terminabsprache wird unter www.gajaneheb.de oder 069 94500455 gebeten. Weitere Infos unter: **Haus der Volksarbeit**, Eschenheimer Anlage 21, Tel.: 069 1501138, www.hdv-ffm.de.

HEBAMMENPRAXEN

Hebammenpraxis Have Babies
Oberweg 59, Tel.: 069 91501089, www.have-babies.de
Die Hebammen Esther, Eva und Jasmin kümmern sich um alles, was es rund um die Themen Schwangerschaft, Geburt und Baby gibt. Außer Vorsorge, Geburtsbegleitung und Nachsorge haben sie ein vielfältiges Programm für Mamas, um wieder fit zu werden, aber auch für Babys, damit diese schnell in Kontakt mit Gleichaltrigen kommen. Und einen Einkaufsladen betreiben sie auch noch! (siehe S. 48)

Milla Hebammenpraxis
Homburger Str. 20, Tel.: 069 13396176, milla-hebammenpraxis.de
Die acht Milla-Hebammen begleiten werdende Mütter nicht nur fachkundig durch die spannenden neun Monate, sondern auch bei Hausgeburten. Sie bieten Geburts-

vorbereitungs-, Säuglingspflege-, Rückbil-
dungs- und Babymassagekurse an, lehren
Schwangeren-Yoga, und für die Kleinen gibt
es Spiel- und Krabbelgruppen. Sehr nett ist
auch das Stillcafé alle 14 Tage in den schönen
Praxisräumen.

Storchennest Frankfurt

Mörfelder Landstr. 114, Tel.: 0178 6936686,
www.storchennest-frankfurt.de
Hier dreht sich alles um die Themen
„Schwangerschaft, Gesundheit und Wohlbefinden". Entsprechend ist das „Storchennest"
nicht nur eine Hebammenpraxis, sondern
auch Nicht-Schwangere und Frauen, für die
das „Thema Kinder" keines mehr ist, finden
tolle Kurse wie Beckenbodentraining, Yoga in
den Wechseljahren oder Entspannungskurse.
Ayurvedische Massagen und Ayurvedische
Ernährungsberatung komplettieren das
breite Angebot.

Praxis für Hebammenkunst

Egenolffstr. 5 a, Tel.: 0177 4158304,
www.praxis-fuer-hebammenkunst.com
Die Geburt eines Kindes ist ein einmaliger
Moment. Aber auch schon die 40 Wochen
davor sind besonders. Das Team um Marietta
Handschel hat sich dieser besonderen Zeit
verschrieben und bietet werdenden Eltern
eine Rundumbetreuung nach allen Regeln
der Hebammenkunst an.

GEBURTSVORBEREITUNG UND RÜCKBILDUNG

Die **Frankfurter Geburtskliniken** (Kontakt-
adressen siehe separater Unterpunkt in
diesem Kapitel), das **Geburtshaus** (www.ge-
burtshaus-frankfurt.de), einige **freiberufliche
Hebammen** (Kontaktliste siehe oben), das
FamilienGesundheitsZentrum (www.fgzn.
de), die **Evangelische Familienbildung** (www.
familienbildung-ffm.de), die **Katholische
Familienbildung** (fbs-frankfurt.bistumlim-
burg.de) oder das **Mehrgenerationenhaus
Gallus** (www.kiz-gallus.de) bieten regelmäßig
Kurse zur Geburtsvorbereitung an, bei denen
Atemtechniken und Entspannungsübungen
erlernt werden. Die Kurse finden entweder
mit dem Partner oder allein statt, es gibt
komprimierte Wochenend-Kurse, aber auch

WIE HEISST DU?
Pauline

WIE ALT BIST DU?
8 Jahre

IN WELCHEM STADTTEIL WOHNST DU?
In Bockenheim

**WAS IST DEIN LIEBLINGSPLATZ IN
FRANKFURT?**
Die Eissporthalle

WAS IST DEIN LIEBLINGSSPIELZEUG?
Im Moment mein Hand Spinner

WAS IST DEIN LIEBLINGSGERICHT?
Tapas im Galicia, selbstgemachte Limo-
nade in der Golden Bar

WAS IST TOLL IN/AN FRANKFURT?
Die Kinderbuchhandlung „Eselsohr", weil
es dort alle meine Lieblingsbücher gibt
und auch schöne Lesungen stattfinden

**WAS FINDEST DU BLÖD IN/AN FRANK-
FURT?**
Die vielen Graffitis an Häuserwänden

WIE HEISST DU?
Nicholas

WIE ALT BIST DU?
4

IN WELCHEM STADTTEIL WOHNST DU?
Sindlingen

WAS IST DEIN LIEBLINGSPLATZ IN FRANKFURT?
Der Spielplatz am Main in Sindlingen

WAS IST DEIN LIEBLINGSSPIELZEUG?
Paw Patrol

WAS IST DEIN LIEBLINGSGERICHT?
Lasagne

WAS IST TOLL IN/AN FRANKFURT?
Die Feuerwehr

WAS FINDEST DU BLÖD IN/AN FRANKFURT?
Dass Frankfurt nicht am Meer liegt

über einige Wochen hinweg stattfindende Kurse. Informationen bei den jeweiligen Anbietern. Fast alle Anbieter haben auch Rückbildungskurse und Kurse zur Säuglings-pflege, Stillcafés, sogenannte „Elternschulen" – also Treffpunkte für frischgebackene Eltern zum gegenseitigen Austausch in der neuen Lebenssitutation – und vielfältige Spiel-, Bewegungs- oder Musikkurse für Kinder in den unterschiedlichsten Altersstufen in ihrem Portfolio. Das **„Zentrum Familie im Haus der Volksarbeit e. V."** (www.hdv-ffm.de, Tel.: 069 1501138) bietet seit Sommer 2017 übrigens mit dem „Babynest" ebenfalls einen offenen Treff für Babys im ersten Lebensjahr an. Er fin-det donnerstags von 10–11.30 Uhr statt (außer während der Schulferien). Der Besuch ist kos-tenfrei, eine Anmeldung ist nicht erforderlich. Das Angebot ist auf die frühe Elternphase abgestimmt und bietet viele Sinnes- und Spielanregungen für die Kleinsten. Zudem wird auf Anfrage eine „Babysprechstunde" an-geboten, in der eine Kinderkrankenschwester mögliche Fragen beantwortet. Terminanfra-gen für die Babysprechstunde können auch direkt mit Ursula Stöhr vereinbart werden: u.stoehr@hdv-ffm.de oder 0171 3062275.

Billabong Familienzentrum Riedberg e. V.
c/o Jugendhaus Riedberg, Graf-von-Stauffenberg-Allee 46 b, Tel.: 069 98957795, www.billabong-family.de
Billabong bietet nicht nur zahlreiche Kurse und Angebote für Familien, Schwangere und junge Mütter, sondern auch sportliche Aktivitäten und einiges für die Bildung der Kleinsten, wie etwa einen Mini-Kindergarten. Die Geburtsvorbereitungskurse sind für Erst-gebärende genauso geeignet wie für Frauen und Paare, die ein weiteres Kind erwarten. Ab September 2017 gehört auch eine Heb-ammensprechstunde zum umfangreichen Angebot.

Das grüne Haus
Max-Holder-Str. 5, Tel.: 0173 3423197, www.dasgruenehaus.de
Die private Einrichtung im Nordwesten Frankfurts versteht sich selbst als Anlauf-stelle, die werdenden Eltern, Familien und Einzelpersonen in den verschiedensten Lebensphasen Unterstützung in ihrer individuellen Entwicklung anbietet, Fragen

klärt und lösungsorientiert arbeitet. Es gibt Kurse zur Geburtsvorbereitung, Rückbildung, Pekip, Babymassage sowie Eltern-Säuglings-Kleinkindberatung.

Evangelische Familienbildung
Darmstädter Landstr. 81, Tel.: 069 6050040, www.familienbildung-ffm.de
Die Evangelische Familienbildung ermöglicht Erlebnisräume für die ganze Familie. Vom Zeitpunkt der Familiengründung bis ins Vorschulalter der Kinder hat man hier immer qualifizierte Ansprechpartner, die einen bei Fragen unterstützen, etwa bei der Neugestaltung des Alltags mit dem Baby oder beim Einfinden in die meist noch unbekannte Mutter- und Vaterrolle. Aber auch für Kinder gibt es ein vielfältiges Angebot, das von Spielgruppen über Bewegungs- oder Kreativkurse reicht. Sie finden in Sachsenhausen, Höchst, Bonames, Goldstein, Eschersheim, Griesheim und im Riederwald statt.

FamilienGesundheitsZentrum
Neuhofstr. 32 h und Günthersburgallee 14 h, Tel.: 069 591700, www.fgzn.de
Von Beginn der Schwangerschaft an ist das FGZ eine wichtige Anlaufstelle bei Fragen und berät bei Problemen. Das umfangreiche Kursangebot reicht von Feldenkrais über Aqua-Fitness, Yoga bis zu speziellen Massagetechniken. Und auch für die Zeit nach der Geburt sind die Mitarbeiter des FGZ kompetente Ansprechpartner für junge Eltern und haben auch hier tolle Angebote: Es gibt Kurse zur Babymassage, Babyschwimmen- und Musikkurse, Spielgruppen und Gesprächsrunden, damit Eltern die Entwicklung ihrer Kinder bestmöglich begleiten.

FTG Frankfurt
Marburger Str. 28, Tel.: 069 9708030, www.ftg-frankfurt.de
Etwa 30 Prozent der gut 8.500 Vereinsmitglieder der Frankfurter Turn- und Sport-Gemeinschaft (FTG) sind Kinder und Jugendliche bis 18 Jahre. In den sogenannten „Bambini- und Kidskursen" finden zuerst werdende Mütter viele unterschiedliche Angebote, um fit zu bleiben oder wieder fit zu werden, außerdem gibt es bereits für die Kleinsten – unter Einbindung der Eltern – Bewegungsangebote. Die Größeren haben

neben ersten Fachsportarten auch Orientierungsangebote, um die sportliche Vielfalt kennenzulernen.

Katholische Familienbildung
Tituscorso 2 b, Tel.: 069 133077900, fbs-frankfurt.bistumlimburg.de
Die Katholische Familienbildung Frankfurt ist ein anerkannter freier Träger der Kinder- und Jugendhilfe und versteht sich als Mitgestalter im Rahmen des städtischen Jugendhilfeangebotes für Familien. Angesprochen werden sollen alle Frankfurter Familien. Zentrales Anliegen ist die interkulturelle Öffnung sowie die Inklusion, um gesellschaftlichen Stigmatisierungen, Monokulturen und Ausgrenzung entgegenzuwirken. Entsprechend ist das Angebot auf die Bedürfnisse von Kindern und Eltern aus unterschiedlichen Kulturen, mit unterschiedlicher Religionszugehörigkeit und in unterschiedlichen Lebenslagen ausgerichtet.

Mainbaby
Jahnstr. 15, Tel.: 069 91501009, www.mainbaby-ffm.com
Der Leitgedanke der Praxis „Mainbaby", die aus einem Team von Kinderphysiotherapeuten, Osteopathen und Heilpraktikern besteht, ist „natürlich gesund – von Anfang an". Dieser ganzheitliche Ansatz schließt diverse Kurse in der Schwangerschaft und nach der Geburt ebenso ein wie ein breites Angebot an naturheilkundlichen Heilmethoden sowie Ostheopathie für Kinder und Erwachsene.

Turngemeinde Bornheim 1860 e. V.
Berger Str. 294, Tel.: 069 4600040, www.tgbornheim.de
Mit mittlerweile gut 30.000 Mitgliedern ist die TG Bornheim der größte Turnverein Hessens. Es gibt rund 270 verschiedene Sportangebote, darunter auch zahlreiche Kurse für werdende Mütter, nach der Geburt zur Rückbildung und später für Babys und Kleinkinder. Besonders nett: Die TG Bornheim bietet auch Kinderbetreuung an, sodass die Eltern selbst in Ruhe Sport treiben können.

Zentrum Familie im Haus der Volksarbeit
Eschenheimer Anlage 21, Tel.: 069 1501138, www.hdv-ffm.de
Das Zentrum Familie bietet ein vielseitiges Bildungsangebot zu aktuellen Themen rund um

WIE HEISST DU?
Helena

WIE ALT BIST DU?
6 Jahre

IN WELCHEM STADTTEIL WOHNST DU?
In Zeilsheim

WAS IST DEIN LIEBLINGSPLATZ IN FRANKFURT?
Das Höchster Hallenbad und das Silo-bad, ebenfalls in Höchst

WAS IST DEIN LIEBLINGSSPIELZEUG?
Mensch ärgere dich nicht und Bauer, das ist ein Kartenspiel, das wir immer im Kindergarten spielen

WAS IST DEIN LIEBLINGSGERICHT?
Spaghetti mit Spinatsoße

WAS IST TOLL IN/AN FRANKFURT?
Mein Kindergarten

WAS FINDEST DU BLÖD IN/AN FRANKFURT?
Nichts

Familie, Erziehung und Elternsein. In Kursen, offenen Treffs und Gruppen hat man die Möglichkeit sich auszutauschen, zu informieren und Kontakte zu knüpfen. Kinder und Erwachsene können mit Spaß Neues lernen, Kompetenzen erweitern und erhalten vielfältige Anregungen. Es gibt deutsch- und mehrsprachige Gruppe, die als frühe Bildungsorte für Kinder gesehen werden und die Möglichkeit zur interkulturellen Begegnung bieten.

SCHWANGERSCHAFTS-YOGA

Spezielle Yogakurse für Schwangere und auch nach der Geburt bieten übrigens unter anderem auch folgende Yoga-Schulen an: **Balance – das Yoga Institut** auf der Eschersheimer Landstr. 5–7 (www.balanceyoga), **das Yogahaus** in der Gutzkowstr. 67 (www.yoga-kurse-frankfurt.de), das **Yoga Vidya Zentrum** in der Niddastr. 76, (www.yoga-vidya.de) oder der **YogaKlub** in der Humboldstr. 69 (www.yogaklub.de). Außerdem hat auch das Geburtshaus in der Böttgerstr. 22 (www.geburtshausfrankfurt.de) spezielle Yoga-Kurse für Schwangere in seinem Programm.

GEBURTSKLINIKEN

Agaplesion Markus Krankenhaus
Wilhelm-Epstein-Str. 4, Tel.: 069 95330, www.markus-krankenhaus.de
Das erfahrene Geburtshelfer-Team versucht möglichst auf die individuellen Bedürfnisse der Gebärenden einzugehen, damit diese sich geborgen und sicher fühlt. Außer der PDA werden auch alternative Methoden zur Schmerzlinderung (Akkupunktur, Homöopathie) angeboten.
Info-Abend an jedem 2. Donnerstag im Monat um 19 Uhr in der Aula.

Bürgerhospital
Nibelungenallee 37–41, Tel.: 069 15000, www.buergerhospital-ffm.de
Seit Jahren hat das Bürgerhospital die höchste Zahl an Entbindungen hessenweit. Dies mag unter anderem daran liegen, dass hier der natürliche Geburtsverlauf einen hohen

Stellenwert hat. Zudem ist die Klinik auf alle geburtshilflichen Risikoschwangerschaften und Komplikationen spezialisiert und ist auch das größte pränatalmedizinische Zentrum im Rhein-Main-Gebiet. Das gibt Eltern Sicherheit. **Infoabend jeden 2. und 4. Dienstag im Monat um 19 Uhr.**

Geburtshaus

Böttgerstr. 22, Tel.: 069 527282, www.geburtshausfrankfurt.de
Das Geburtshaus Frankfurt wurde 1993 gegründet und ist eine ambulante Einrichtung, in der Frauen nach ihren Vorstellungen und in einer entspannten und ruhigen Umgebung ihr Kind zur Welt bringen können. Nur wenige Stunden nach der Geburt können die Eltern mit dem Baby wieder nach Hause gehen, wo sie anschließend von einer Hebamme weiter betreut werden. Neben der Betreuung in der Schwangerschaft und während der Geburt gehört auch die Begleitung in den ersten Wochen und Monaten nach der Geburt zum Selbstverständnis.
Infoabende an jedem 2. und 4. Mittwoch im Monat von 20.00 bis 22.00 Uhr.

Hospital zum Heiligen Geist

Lange Str. 4–6, Tel.: 069 21960, www.hospital-zum-heiligen-geist.de
In der Geburtsklinik des Hospitals zum Heiligen Geist kommen jedes Jahr etwa 1.000 Babys zur Welt. Die vier Kreißsäle sind technisch bestens ausgestattet, auch Wassergeburten und ambulante Geburten sind möglich. Damit die Geburt möglichst entspannt verläuft, kann jede werdende Mutter ihre Geburtsposition selbst wählen.
Infoabend an jedem 1. und 3. Dienstag im Monat um 18 Uhr.

GUT ZU WISSEN

Die U-Untersuchungen

In Hessen sind seit dem 1. Januar 2008 mit Inkrafttreten des „Hessischen Kindergesundheitsschutzgesetzes" die Kindervorsorgeuntersuchungen (U1, U2, U3, U4, U5, U6, U7, U7a, U8 und U9) Pflicht. Versäumte Termine werden vom Hessischen Kindervorsorgezentrum angemahnt. Wird ein Kind nach zweimaliger Aufforderung nicht untersucht, informiert das Zentrum das Jugendamt am Wohnort. Dieses nimmt dann Kontakt mit der Familie auf, bittet bei Datenübermittlungsfehlern um Vorlage der Bestätigung über eine absolvierte Untersuchung und sucht gegebenenfalls unangemeldet die Familien auf.

Die Check-Ups dienen der Gesundheitsvorsorge und Früherkennung von Krankheiten, die die normale körperliche, geistige, emotionale und soziale Entwicklung des Kindes gefährden könnten. Je nach Alter des Kindes liegen die Schwerpunkte auf unterschiedlichen Bereichen, etwa auf Beweglichkeit und Geschicklichkeit, Sprechen und Verstehen, sozialem Verhalten etc. Dazu gibt es, abhängig vom jeweiligen Alter, noch zusätzliche Themen wie Vorbeugung des Plötzlichen Kindstodes, Unfallverhütung, Kariesprophylaxe, Ernährung etc.

Die Vorsorgeuntersuchungen U1–U9 werden im „gelben Vorsorgeheft" dokumentiert und sind kostenlos, ebenso wie Rezepte bis zum 18. Lebensjahr. Der Berufsverband der Kinder- und Jugendärzte empfiehlt zusätzlich noch drei weitere Untersuchungen (U10, U11, J1 und J2), die bislang jedoch (noch) nicht gesetzlich verpflichtend sind und nicht von allen Krankenkassen erstattet werden.

Vorgegebene Zeiträume der U-Untersuchungen

U1: direkt nach der Entbindung	U7a: 34. bis 36. Lebensmonat
U2: 3. bis 10. Lebenstag	U8: 46. bis 48. Lebensmonat
U3: 4. bis 5. Lebenswoche	U9: 60. bis 64. Lebensmonat
U4: 3. bis 4. Lebensmonat	U10: 7 bis 8 Jahre
U5: 6. bis 7. Lebensmonat	U11: 9 bis 10 Jahre
U6: 10. bis 12. Lebensmonat	J1: 12 bis 14 Jahre
U7: 21. bis 24. Lebensmonat	J2: 16 bis 17 Jahre

Klinikum Höchst

Gotenstr. 6–8, Tel.: 069 31060,
www.klinikumfrankfurt.de
Bei normal verlaufenden Geburten legt man
hier großen Wert auf einer familienorien-
tierten und individuellen Geburtshilfe. Im
Kreißsaal sind rund um die Uhr zwei bis drei
Hebammen sowie drei Geburtshelfer (inkl.
Oberarzt) im Dienst. Im Bedarfsfall wird das
durch die im Haus anwesenden Narkoseärzte,
Kinderärzte und Kinderchirurgen ergänzt.
Das umfassende Programm des Elternzen-
trums rundet das Angebot für Schwangere,
Wöchnerinnen und junge Familien ab.
**Infoabend an jedem 1. und 3. Donnerstag im
Monat um 19 Uhr im Gemeinschaftsraum
(Gebäude A, 2. OG) des Klinikums.**

Krankenhaus Nordwest

Steinbacher Hohl 2–26, Tel.: 069 76011,
www.krankenhaus-nordwest.de
Eine tolle Alternative zum normalen Kreißsaal mit Hebamme und Arzt stellt hier der
Hebammenkreißsaal dar, der eine Geburt
ähnlich wie im Geburtshaus möglich macht,
ohne auf die medizinische Sicherheit, die ein
Krankenhaus im Bedarfsfall bietet, verzich-
ten zu müssen. Übrigens ist für alle Frauen,
die im Krankenhaus Nordwest gebären, die
angebotene geburtsvorbereitende Akupunktur kostenlos und auch nach der Geburt
gibt es ein vielfältiges Angebot für frischgebackene Eltern. Ganz neu ist die „Nach-
sorgesprechstunde", die dem eklatanten
Hebammenmangel in Frankfurt entgegen-
wirken will.
**Infoabend an jedem 1. und 3. Dienstag im
Monat um 19 Uhr, Raum Nidda, 11. Etage.**

Krankenhaus Sachsenhausen

Schulstr. 31, Tel.: 069 66050,
www.krankenhaus-sachsenhausen.de
„Hand in Hand von Anfang an – weil das
Leben einen guten Anfang braucht", so das
Motto der Geburtsklinik im Krankenhaus
Sachsenhausen. Werdende Eltern finden
hier nicht nur beste Unterstützung und Hilfe
während der Geburt, sondern auch schon
davor und danach in der eigens gegründeten
„Elternschule".
**Informationsabend an jedem 1. und 3. Don-
nerstag im Monat um 18 Uhr in der Mitarbei-
tercafeteria in Haus C.**

St. Elisabethen-Krankenhaus

Ginnheimer Straße 3, Tel.: 069 79390,
www.elisabethen-krankenhaus-frankfurt.de
Mit dem Umzug des St. Marienkrankenhauses
in das neue St. Elisabethen-Krankenhaus in
Bockenheim ist auch die Geburtshilfe umge-
zogen. Die neue, hochmoderne Geburtsklinik
verfügt über fünf Entbindungsräume – unter
anderem für Wassergeburten –, ein Wehenzimmer und einen Überwachungsraum für Mutter
und Kind nach operativen Entbindungen.
Außerdem gibt es einen neuen OP für Kaiser-
schnitte direkt im Kreißsaal-Bereich. Falls ge-
wünscht, wird „Hypnobirthing" angeboten und
von Ärzten und Hebammen aktiv unterstützt.
**Infoabend an jedem 1. Montag im Monat um
19 Uhr.**

Universitätsklinikum Frankfurt

Theodor-Stern-Kai 7, Tel.: 069 63010,
www.kgu.de
Der Kreißsaal umfasst vier Gebärzimmer,
drei Wehenzimmer und zwei ambulante
CTG-Plätze. Darüber hinaus stehen zwei
Badewannen für Entspannungsbäder und
Geburten zur Verfügung. Neben immer zwei
Hebammen, einem Kreißsaalarzt und einem
Oberarzt stehen ebenfalls 24 Stunden am Tag
Narkoseärzte für eine PDA zur Schmerzer-
leichterung oder einen Kaiserschnitt bereit,
ebenso wie die Kinderärzte, mit denen man
eng zusammenarbeitet.
**Infoabend an jedem 2. und 4. Montag im
Monat (außer feiertags) um 18.30 Uhr.**

UNERFÜLLTER KINDERWUNSCH

Fertilitätszentrum und gynäkologische Endo-krinologie im Universitätsklinikum Frankfurt

Theodor-Stern-Kai 7, Tel.: 069 63015708,
www.kgu.de
Ein Behandlungsspektrum mit dem Schwerpunkt auf In-Vitro-Fertilisation (IVF) deckt alle
Verfahren von der Hormontherapie über die
künstliche Befruchtung bis hin zu operativen
und minimal-invasiven Methoden ab. Ein
großer Vorteil ist die enge interdisziplinäre
Zusammenarbeit mit anderen medizinischen
Fachabteilungen, sodass die Zeit in der Dia-
gnosefindung verkürzt und ein individuelles
Therapiekonzept erstellt werden kann.

GUT ZU WISSEN

Von der Ständigen Impfkommission (Stiko) empfohlene Impfungen für Kinder:

Diphterie	Meningokokken
FSME (Frühsommer-Meningoenzephalitis)	Mumps
Grippe (Influenza)	Pneumokokken
Hepatitis B	Polio (Kinderlähmung)
HiB (Haemophilus influenza B)	Rotaviren
HPV (Humane Papillomaviren)	Röteln
Keuchhusten (Pertussis)	Tetanus (Wundstarrkrampf)
Masern	Windpocken (Varizellen)

Weitere Informationen unter: www.rki.de oder www.impfen-info.de

Kinderwunschzentrum am Büsingpark

Herrnstr. 51, 63065 Offenbach,
Tel.: 069 80907571,
www.offenbach-kinderwunsch.de
Das Kinderwunsch- und Endometriose-Zentrum am Büsingpark ist seit über zehn Jahren eine Schwerpunktpraxis für Paare mit Kinderwunsch und Patientinnen mit hormonellen Problemen und Endometriose. Das Leistungsspektrum umfasst alle modernen Behandlungsmethoden, von der Zyklusüberwachung bis hin zur Hormonbehandlung und künstlichen Befruchtung. Ein weiterer Schwerpunkt ist die Betreuung und Beratung von Patientinnen mit wiederholten Fehlgeburten.

Kinderwunsch- und Hormonzentrum im Hospital zum Heiligen Geist

Lange Str. 4–6, Tel.: 069 21967400,
www.kinderwunschzentrum-frankfurt.de
Die Behandlung von Paaren mit unerfülltem Kinderwunsch hat hier bereits Tradition – seit über 20 Jahren werden die gängigen Verfahren durchgeführt und durch moderne Techniken erweitert. Am Anfang der Behandlung steht das ausführliche Beratungsgespräch. Die anschließende Therapie wird individuell und gemeinsam mit dem Paar geplant, denn nur dadurch könne Vertrauen wachsen, das für eine erfolgreiche Behandlung unabdingbar ist, davon ist man hier überzeugt.

MVZ Viva Neo Kinderwunschpraxis Frankfurt GmbH

Kaiserstr. 3, Tel.: 069 874078058,
vivaneo-ivf.com/de/
kinderwunschzentrum-frankfurt/
Zur VivaNeo Gruppe zählen renommierte Ärzte und Embryologen aus ganz Europa, die die Kinderwunschmedizin mit Anspruch auf Exzellenz vorantreiben. Grundlage für die Gründung einer Familie ist Vertrauen. Daher legt das Team um Professor Dr. med. Inka Wiegratz neben der bestmöglichen medizinischen Betreuung und dem Einsatz modernster Behandlungsverfahren auch großen Wert auf die individuelle Beratung der Patientenpaare.

Repromedicum

Hanauer Landstr. 328 – 330, Tel.: 069 4260770,
www.repromedicum.de
Der Tätigkeitsschwerpunkt der Praxis liegt seit jeher in der Diagnostik und Behandlung von Paaren mit Kinderwunsch. Ebenfalls im Fokus ist die Behandlung von Patientinnen mit speziellen Hormonproblemen, Endometriose und wiederholten Fehlgeburten. Sollten operative Verfahren vonnöten sein, werden diese hier ebenfalls durchgeführt, in den meisten Fällen sogar ambulant.

Zentrum für chinesische Medizin Frankfurt im Vitazentrum

Waidmannstr. 47–49, Tel.: 069 63399806,
www.sinomedica.de/kinderwunsch
Aus Sicht der TCM sind die Ursachen bei ungewollter Kinderlosigkeit immer ganzheitlich zu betrachten, auch die Bedeutung von psychischen Einflüssen auf die Entstehung von körperlichen Funktionsstörungen muss berücksichtigt werden. Die mehr als 2.000 Jahre alte Erfahrung der TCM mit Akupunktur, Kräutermedizin oder Moxibution kann dabei helfen, die zugrunde liegenden Ursachen wirksam zu behandeln.

FRÜHGEBURT UND MEHRLINGSGEBURTEN

Klinik für Neonatologie des Bürgerhospitals
**Nibelungenallee 37–41, Tel.: 069 1500980,
www.buergerhospital-ffm.de**
Die Klinik für Neonatologie des Bürgerhospitals, ausgezeichnet mit dem Level I, übernimmt die Versorgung von gesunden und kranken Neugeborenen, Frühgeborenen und Mehrlingen. Basis für die Betreuung ist die interdisziplinäre Zusammenarbeit mit der Ultraschalldiagnostik und Pränatalmedizin (DEGUM II und III), der Geburtshilfe und dem Kreißsaal des Bürgerhospitals sowie dem Clementine Kinderhospital.

Neonatologie der Uniklinikum Frankfurt
**Theodor-Stern-Kai 7, Tel.: 069 63010,
www.kgu.de**
Schwerkranke Neugeborene und extrem unreife Frühgeborene aus dem ganzen Rhein-Main-Gebiet werden zur Behandlung hierher verlegt. Durch die hohe Anzahl von insgesamt über 500 Neugeborenen pro Jahr (davon 60–70 unreife Frühgeborene mit einem Geburtsgewicht weniger als 1.500 g), haben die Ärzte und Schwestern die notwendige große Erfahrung und das geübte Können, die für diese extrem empfindlichen Patienten notwendig sind. Außerdem betreuen die Kinderärzte der Neonatologie auch die jährlich 1.600 bis 1.700 gesunden Neugeborenen der Wochenstation.

Perinatalzentrum am Klinikum Höchst
**Gotenstr. 6–8, Tel.: 069 31060,
www.klinikumfrankfurt.de**
Als Perinatalzentrum Level I ist die Klinik jederzeit auf die Entbindung in Risikosituationen eingestellt, wie etwa Entbindungen von Frühgeburten oder Mehrlingen, aber auch auf die Entbindung von Kindern aus Beckenendlage. Es gibt mehr als 60 Betten für kranke Früh- und Neugeborene einschließlich 12 Beatmungsplätzen auf der Intensivstation. Pro Jahr werden hier etwa 700 kranke Früh- und Neugeborene betreut, einschließlich extrem kleinen Frühgeborenen mit einem Geburtsgewicht unter 500 bis 1.000 g.

WIE HEISST DU?
Julius

WIE ALT BIST DU?
5, fast 6

IN WELCHEM STADTTEIL WOHNST DU?
Nordend

WAS IST DEIN LIEBLINGSSPIELZEUG?
Fußball

WAS IST DEIN LIEBLINGSPLATZ IN FRANKFURT
Der Bolzplatz auf dem Günthersburgalleespielplatz

WAS IST DEIN LIEBLINGSGERICHT
Pommes und Nudeln mit Pesto

WAS IST TOLL IN/AN FRANKFURT?
Ich finde gut, dass man hier so gut Fahrrad fahren kann

WAS FINDEST DU BLÖD IN/AN FRANKFURT?
Ich find doof, dass, wenn ich auf dem Spielplatz spiele, so viele Leute da Müll hinwerfen

WIE HEISST DU?
Manuela

WIE ALT BIST DU?
Fünf

IN WELCHEM STADTTEIL WOHNST DU?
In Rödelheim

WAS IST DEIN LIEBLINGSPLATZ IN FRANKFURT?
Das Senckenberg Museum

WAS IST DEIN LIEBLINGSSPIELZEUG?
Mein Teddybär

WAS IST DEIN LIEBLINGSGERICHT?
Pasta und Pizza

WAS IST TOLL IN/AN FRANKFURT?
Der Spielplatz am blauen Steg in Rödelheim. Hier schaukele ich gern oder spiele im Sand. Außerdem liebe ich es, mit meinem Fahrrad an der Nidda entlang zu fahren, wenn es warm und sonnig ist

WAS FINDEST DU BLÖD IN/AN FRANKFURT?
Das Gekritzel an den Wänden

Sozialpädiatrisches Zentrum Frankfurt Mitte
Theobald-Christ-Str. 16, Tel.: 069 94340950, www.spz-frankfurt.de
Das ambulante Zentrum bietet kinderärztliche, neuropädiatrisch-sozialpädiatrische Leitung mit verschiedenen Fachdisziplinen und einer Epilepsieambulanz. Betreut werden hier u. a. Kinder mit Entwicklungsverzögerungen und -störungen, mehrfachen Behinderungen sowie „Hochrisikokinder" (Nachuntersuchung extrem kleiner Frühgeborener). Ziel ist, alle Kinder bei ihrer Teilhabe am gesellschaftlichen Alltag bestmöglich zu unterstützen.

ANONYME UND VERTRAULICHE GEBURT

Anders als bei der „anonymen Geburt", bei der die Personendaten der Mutter generell nicht erfasst oder in irgendeiner Form gespeichert werden, kann bei der „vertraulichen Geburt" dem Recht des Kindes auf Kenntnis der eigenen Abstammung entsprochen werden. Die vertrauliche Geburt ist ein bundesweites Hilfsangebot. Die Regelungen gelten grundsätzlich für alle Geburtskliniken, Krankenhäuser und Hebammen, alle Beteiligten unterliegen der gesetzlichen Schweigepflicht. Da jeder Mensch ein Recht darauf hat, seine Herkunft zu kennen, kann ausschließlich das Kind nach seinem 16. Lebensjahr die hinterlegten persönlichen Daten der Mutter einsehen. Sowohl die Beratung als auch die Kosten für vertrauliche Geburt sowie Vor- und Nachsorge werden übernommen und müssen nicht von der Schwangeren selbst getragen werden. www.geburt-vertraulich.de oder Tel.: 0800 4040020.

Aktion Moses
Sozialdienst katholischer Frauen (Ortsverein Frankfurt), Kriegkstr, 32–36, Tel.: 069 9738230 oder 0800 4040020, www.skf-frankfurt.de
Die Frankfurter „Aktion Moses" ist ein niedrigschwelliges Hilfs- und Beratungsangebot, das mittels eines Notruftelefons schwangeren Frauen helfen möchte, die gefährdet sind, ihr Baby auszusetzen oder zu töten. Ziel ist es, das Leben des Kindes zu schützen und gleichzeitig der schwangeren Frau in ihrer akuten Lebenskrise Gespräche und Hilfe anzubieten. Die

GUT ZU WISSEN
Gesunde Zähne von Anfang an

Sobald der erste Milchzahn erscheint, sollte man vorsichtig mit der regelmäßigen und sorgfältigen Zahnpflege beginnen. Wichtig ist immer eine zahngesunde Ernährung mit wenig Zucker und viel Kalzium. Ebenfalls wichtig ist, dass das Kind stets gut kauen muss.

Zahnärzte empfehlen bereits ab dem ersten Zähnchen eine halbjährliche Kontrolle der Kinderzähne, auch damit sich die kleinen Patienten angstfrei an die Praxis gewöhnen können.

In Frankfurt gibt es eine Vielzahl spezieller Kinderzahnarztpraxen, die sich ausschließlich der Behandlung von Kindern widmen, etwa das **Erste Zahnmedizinische Zentrum** (Adalbertstr. 14, Tel.: 069 70720556, www.zahnmedizinisches-zentrum-frankfurt.de), der **Zahnzirkus** (Gerbermühlstraße 7, Tel.: 069 67808300, www.zahnzirkus.de), die **Praxis Steuer-Müller und Kirchmann** (Barckhausstr. 1, Tel.: 069 70768660, www.kinderzahnaerzte-frankfurt.com), die **Familienzahnarztpraxis Schöner Mund** (Steinbacher Hohl 4, Tel.: 069 75614780, www.schoenermund-frankfurtnordwest.de) oder das **Milchzahnteam** (Guiollettstr. 24, Tel.: 069 71373071, www.milchzahnteam.de).

Grundsätzlich gilt: Eltern sollten das Zähneputzen nicht nur beaufsichtigen, sondern mindestens bis zum Erreichen des Schulalters auch nachputzen, besonders am Abend. Dabei ist die richtige Putztechnik ausschlaggebend:

Zuerst werden die **Kauflächen** mit kurzen Hin- und Herbewegungen geputzt. Dann sind die **Außenflächen** mit kreisenden Bewegungen dran. Dabei liegen Ober- und Unterkiefer locker aufeinander und es wird in kreisenden Bewegungen geputzt, immer von der Mitte ausgehend nach links und rechts. Zum Schluss geht es an die **Innenflächen**, die von rot nach weiß (also vom Zahnfleisch zum Zahn) mit kleinen Kreisen gereinigt werden.

Übrigens: Die optimale Kinderzahnbürste hat einen dicken, rutschfesten Griff, damit das Kind sie gut festhalten und richtig putzen kann. Der Bürstenkopf sollte unter 2 cm lang sein und aus abgerundeten Kunststoffbürstchen bestehen. Nach dem Zähneputzen spült man die Bürste gut aus und stellt sie zum Trocknen nach oben in den Zahnputzbecher. Sie sollte spätestens alle sechs bis acht Wochen ausgetauscht werden.

kostenlose Notrufnummer ist 24 Stunden am Tag erreichbar, eine anonyme Beratung ist in der Geschäftsstelle im Gallusviertel dienstags von 9.30 bis 10.30 Uhr möglich.

BABYKLAPPE

Derzeit gibt es in Deutschland knapp 100 Babyklappen, im Rhein-Main-Gebiet sind es drei. Das erste Angebot zur anonymen Kindesabgabe in Deutschland wurde 1999 initiiert. Mit der Zielsetzung, Kindstötung und Aussetzung zu verhindern sowie Schwangere und Mütter in problembelasteten Lebenssituationen zu unterstützen, wurden in den Folgejahren weitere Babyklappen und Möglichkeiten der anonymen Geburt bzw. der anonymen Übergabe geschaffen. Bei der

Nutzung von Babyklappen findet kein persönlicher Kontakt zwischen der abgebenden Person und den Mitarbeitern des Angebotes statt. Eine medizinische Versorgung oder Beratung ist nur dann möglich, wenn sich die Mutter vor oder nach der Abgabe des Kindes beim Träger meldet. Im Falle einer anonymen Übergabe übergibt die abgebende Person ihr Kind bei einem persönlichen Treffen, nachdem sie zuvor telefonisch Ort und Zeitpunkt mit dem Anbieter vereinbart hat.

Bad Homburg, Hochtaunus-Kliniken gGmbH
Zeppelinstr. 20, Tel.: 06172 140,
www.hochtaunus-kliniken.de

Hanau, St. Vinzenz Krankenhaus
Am Frankfurter Tor 25, Tel.: 06181 2720,
www.vinzenz-hanau.de

Mainz, Babyfenster
Bruder-Konrad-Stift, Weintorstr. 12
(Eingang zur Klappe: Kapellhofgasse),
Tel.: 06131 233895, www.skf-mainz.de

BESCHWERDEN NACH DER GEBURT

Laut Statistik entwickeln etwa zehn Prozent der Mütter rund um die Geburt eine mehr oder minder schwere Form der peripartalen Depression. Und doch fühlen sich betroffene Frauen mit diesem Problem oft sehr alleingelassen. Wenn eine Betroffene äußert, dass es ihr nicht so gut geht, erntet sie oft Unverständnis oder die wenig einfühlsame Aufforderung, sich zusammenzureißen und über ihr Baby zu freuen. Hilfreicher wäre jedoch der Hinweis, dass sie nicht allein ist und dass es Wege aus dieser Krise gibt.

Babylotse Frankfurt
Comeniusstr. 37, Tel.: 069 97090145,
www.kinderschutzbund-frankfurt.de
In Frankfurt werden pro Jahr etwa 12.000 Kinder geboren – Tendenz steigend. Etwa ein Drittel der Eltern wünscht sich mehr Information und professionelle Beratung rund um die Geburt, daher sind neue Wege in der Frühprävention gefragt. „Babylotse Frankfurt" ist ein gemeinnütziges Projekt der Crespo Foundation, der Stiftung Polytechnische Gesellschaft, der aqtivator gGmbH und der Stadt Frankfurt am Main und erreicht seit 2017 alle Geburtskliniken in Frankfurt. Die Beratung durch die Babylotsinnen ist immer freiwillig, kostenlos und steht jeder Familie, die zur Entbindung in eine der beteiligten Kliniken kommt, zur Verfügung.

Blues Sisters
Tel.: 069 591700 (FamilienGesundheitsZentrum), info@bluessisters-frankfurt.de,
www.bluessisters-frankfurt.de
Die Selbsthilfegruppe von akut und ehemals betroffenen Frauen wurde 2003 gegründet. Die Treffen finden 14-tägig in den Räumen des FamilienGesundheitsZentrums (Neuhofstraße 32H, www.fgzn.de) statt. Babys können mitgebracht werden. Um eine kurze vorherige Kontaktaufnahme wird gebeten.

Pro Familia Landesverband Hessen e.V.
Palmengartenstr. 14, Tel.: 069 90744744, www.profamilia.de
Die psychologische Beratung bei depressiven Stimmungen nach einer Entbindung, der so genannte „Baby-Blues", gehört ebenfalls zum Tätigkeitsprofil der Einrichtung. Ziel dabei ist es, Müttern Unterstützung anzubieten, damit sie diese, zumeist kurze, Lebenskrise erfolgreich bewältigen.

Schatten & Licht e.V.
info@schatten-und-licht.de, www.schatten-und-licht.de
Die Organisation zu peripartalen psychischen Erkrankungen vernetzt Selbsthilfegruppen in ganz Deutschland. Auf der Homepage findet man ausführliche Informationen zum Thema, ebenso wie eine Liste von Telefonberaterinnen, niedergelassenen Fachleuten und Kliniken mit Mutter-Kind-Stationen. Beim Verein kann weiteres Informationsmaterial schriftlich angefordert werden.

Stationäre Mutter-Kind-Station in der Klinik für Psychiatrie, Psychotherapie und Psychosomatik am Klinikum Höchst
Gotenstr. 6–8, Tel.: 069 31062797, www.klinikumfrankfurt.de
Die Station D41 verfügt mit der „Mutter-Kind-Einheit" über eine Möglichkeit der gemeinsamen Behandlung von Mutter und Kind (ggf. auch unter Einbeziehung der Väter). In geschützter Atmosphäre wird die Möglichkeit geboten, Ängste abzubauen und den eigenverantwortlichen Umgang mit dem Kind zu erlernen. Ein Schwerpunkt liegt auf der Mutter-Kind-Beziehung, die beispielsweise durch Babymassage oder Mütter-Kunsttherapie gefördert wird. Die Behandlungsdauer liegt im Schnitt zwischen vier und acht Wochen.

Vitos Klinik Bamberger Hof
Psychiatrische Tagesklinik Mutter-Kind Mittelweg 49, Tel.: 069 678002420, www.vitos-hochtaunus.de
Im Rahmen der ambulanten psychiatrischen Akutbehandlung zu Hause ist eine intensive Behandlung betroffener Mütter durch ein interdisziplinäres Team im gewohnten Umfeld möglich. Seit November 2014 gibt es im Bamberger Hof außerdem eine tages-

WIE HEISST DU?
Cajus

WIE ALT BIST DU?
Ich bin 5 Jahre alt

IN WELCHEM STADTTEIL WOHNST DU?
In Schwanheim

WAS IST DEIN LIEBLINGSPLATZ IN FRANKFURT?
Das Verkehrsmuseum in Schwanheim

WAS IST DEIN LIEBLINGSSPIELZEUG?
Lego Ninjago, und am liebsten mag ich da den Kai

WAS IST DEIN LIEBLINGSGERICHT?
Spaghetti mit Gorgonzolasauce

WAS IST TOLL IN/AN FRANKFURT?
Das Legogeschäft im MyZeil

WAS FINDEST DU BLÖD IN/AN FRANKFURT?
Dass immer alles so voll ist und so laut

klinische Mutter-Kind-Behandlung. Mütter mit postpartalen psychischen Erkrankungen und ihre Kinder im Alter bis zu zwei Jahren erhalten dort montags bis freitags ein ganztägiges spezialisiertes Behandlungsangebot.

Wellcome – Patenschaften für Familien in Not
Kontakt u. a. über das Zentrum Familie/ Haus der Volksarbeit e. V. oder www.wellcome-online.de
Das bundesweite Projekt bietet fachlich begleitete Unterstützung für Eltern, stärkt diese und macht ihnen Mut, den nicht immer einfachen Alltag mit Baby zu bewältigen. Geboten wird eine moderne, ehrenamtliche Nachbarschaftshilfe, die die Familien, unabhängig vom sozialen Status, individuell im ersten Jahr nach der Geburt unterstützt. Schließlich will Elternsein auch gelernt werden.

SCHREI-BABYS

Babyambulanz am Anna-Freud-Institut Frankfurt e. V.
Myliusstr. 20, Tel.: 069 721445, www.anna-freud-institut.de
Frühzeitige Hilfe kann verhindern, dass sich anfängliche Schwierigkeiten zu ernsten Störungen entwickeln. Eltern mit Kindern bis zu zwei Jahren können im Rahmen der Ambulanz Hilfe bekommen. Das Team besteht aus erfahrenen psychoanalytischen Kinder- und Erwachsenentherapeuten mit besonderem Interesse am Verständnis der seelischen Vorgänge, die für die erste Beziehung zwischen Mutter, Baby und Vater Bedeutung haben.

Frankfurter Schreisprechstunde im FamilienGesundheitsZentrum
Neuhofstr. 32 h, Tel.: 069 48006282, www.fgzn.de
Die Schreisprechstunde ist eine Anlaufstelle für Eltern mit Schreibabys und Babys mit 3-Monatskoliken, die sehr unruhig sind. Geleitet wird sie von der Diplom-Psychologin Marion Dominiak-Keller. Terminabsprache unter der obigen Telefonnummer. Das Erstgespräch ist kostenfrei.

Schreiambulanz des SPZ
Sonnemannstr. 3, Tel.: 069 943409539, www.spz-frankfurt.de
Die Schreiambulanz ist ein Angebot des Sozial-pädiatrischen Zentrums (SPZ) Frankfurt Mitte in fachlicher Kooperation mit der Psychosomatischen Abteilung des Clementine Kinderhospitals. In der ambulanten Sprechstunde werden Babys und Kleinkinder von 0 bis 3 Jahren behandelt, die Symptome frühkindlicher Regulationsstörungen zeigen. Die Gespräche unterliegen der Schweigepflicht.

BABY- UND KINDERFOTOGRAFIE

Farideh Diehl Fotografie
Intzestr. 1, Tel.: 069 49084648, www.farideh.de
Die Frankfurterin Farideh Diehl gilt seit den frühen 1990ern als eine der renommiertesten People-Fotografinnen. 1996 gründete sie die Castingagentur „Castin". Aber ebenso gerne fotografiert sie „normale" Menschen, Schwangere, Familien und Kinder. Die Grundmotivation ihrer Arbeit ist stets das Interesse am Menschen, egal ob Celebrity oder nicht. Make-Up von professionellen Visagisten ist möglich.

Irina Albrecht Photography
Tel.: 0151 54892080, www.irina-albrecht.de
„Die Fotografie ist ein einziger Augenblick, zusammengefügt aus echten Gefühlen und Emotionen, aus dem Licht- und Schattenspiel, aus Wünschen und Träumen. Sie braucht keine Worte und erzählt ihre Geschichten eigenständig", so jedenfalls versteht sie Irina Albrecht, die Neugeborenen-, Baby-, Kinder- und Familienshootings zu Hause oder am Wunschort anbietet.

Julia Sidorenkova Photography
Brückenstr. 41, Tel.: 0178 1679078, www.direktpositiv.de
Fotos von Neugeborenen entstehen am besten in den ersten zehn Tagen nach der Geburt, entsprechend sollte man sich bereits vor der Entbindung mit der Fotografin in Verbindung setzen. Ein Neugeborenenfotoshooting dauert mindestens zwei Stunden,

sodass man immer auf die Bedürfnisse des Kindes eingehen kann.

Katrin Probst Photography
Brückenstr. 41, Tel.: 0162 2793461,
www.katrin-probst.de
Den Charakter der Person darstellen und authentische Bilder schaffen, darum geht es Katrin Probst, die als „Master of Fine Arts der Université Paris 8" ihren eigenen künstlerischen Stil entwickelt hat, der seit Jahren in ihre Arbeiten einfließt. Die Fotoshootings finden im Großraum Frankfurt, dem Rhein-Main-Gebiet und darüber hinaus statt.

Malysh und Malysh Fotografen
Tel.: 0176 41943418, www.malysh-malysh.com
Das fotografierende Ehepaar ist auf Kinder-, Hochzeits- und Familienfotografie speziali-

siert. Ob inszeniert oder ganz natürlich, die beiden gehen selbstverständlich auf die jeweiligen Wünsche ein und versuchen die Persönlichkeit der kleinen Großen „mit Stil" einzufangen.

Michelle Schönbein Fotografie
Rohrbachstr. 19, Tel.: 0177 5182294,
www.schoenbein.com
Die freischaffende Fotografin mit Schwerpunkt Kinder, Familie und Porträt nimmt sich Zeit. Dadurch entwickelt sich Vertrauen und sie kann den Menschen, die sie fotografiert, auf Augenhöhe begegnen. Vorhandenes Licht setzt Michelle Schönbein gezielt ein. So entstehen ihre authentischen, überwiegend ungestellten Fotos – unverwechselbare klare Porträts, auch mal ohne ein Lächeln.

Kosovo/Russland: Familie Sadiku
Verliebt in die Stadt

Auch wenn sie die Mainmetropole von regelmäßigen Besuchen schon kannten, ein großer Schritt in die Ungewissheit war der Umzug für Nico, seine Frau Nathalie und die beiden Kinder dann doch. „Wir haben in Kaiserslautern alles aufgegeben, ein gutgehendes Geschäft und unser Haus. Niemand konnte uns sagen, ob sich das Wagnis auszahlen würde", erinnert sich das Ehepaar an ihre Anfänge anno 2013 in Frankfurt. Der gebürtige Kosovare und die gebürtige Russin führten im Herzen der Pfalz ein großes und bekanntes Café. „Wir hatten dort eine tolle Zeit, deshalb ist der Schritt, zu gehen, emotional schwierig gewesen. Allerdings haben wir bei vielen unserer Kunden gesehen, dass die Kinder irgendwann die Stadt verlassen haben und die Eltern allein in einer kleinen Stadt geblieben sind. Wir wollten nicht, dass es uns irgendwann ähnlich ergeht. Deshalb haben wir die Gelegenheit, die sich uns in Frankfurt geboten hat, gerne ergriffen", sagt Nico.

In Frankfurt führen sie seit vielen Jahren leidenschaftlich die Segafredo Bar im Einkaufszentrum Skyline Plaza und das Eiscafé La Dolce Vita auf der Europa Allee. Kinder, Schule, Haushalt, zwei Geschäfte – es gibt einiges zu tun. Sicher, es bedeute auch viel Stress, den sehen sie aber positiv, meint Nathalie, die ihren Mann in seinem Café kennen- und liebengelernt hat.

Von Jugend an sind es beide gewohnt, anzupacken. Nico kam 1992 als 16-jähriger Junge mit nichts mehr als einem kleinen Koffer aus dem Kosovo nach Deutschland. „Ich habe mich damals auf den Weg gemacht, um hier zu arbeiten und Geld zu verdienen, damit ich meiner Familie zu Hause helfen kann." Sein erster Chef, ein Italiener in Kaiserslautern, habe ihm alles beigebracht: Kochen, Eismachen, Geschäfts- und Mitarbeiterführung, den Umgang mit den Kunden und vieles mehr. Herausgekommen ist ein Gastronom mit Leib und Seele.

Über allem stehen jedoch die Familie und die liebevolle Verbindung zum Nachwuchs. „Wir arbeiten so viel, damit es die Kinder mal besser haben. Was wir in meiner Heimat nicht hatten, möchten wir ihnen ermöglichen. Schule und Lernen genießen deshalb einen riesigen Stellenwert bei uns." Die wenige Freizeit wird folgerichtig zusammen verbracht. „Am Wochenende unternehmen wir gemeinsam Ausflüge, verbringen Zeit miteinander und machen nichts für uns allein. Schwimmbad, Radfahren, schöne Spielplätze oder mal ins Kino – in Frankfurt gibt es so viele Angebote für Familien und noch etliches mehr, was man entdecken kann", schwärmt Nico. Die Entscheidung, in die Mainmetropole zu ziehen, haben sie dann auch nie in Frage gestellt. „Wir sind verliebt in diese Stadt, haben uns vom ersten Tag wohlgefühlt", strahlen Nathalie und Nico. Und ein weiteres Kapitel ist bereits eingeläutet. Nach der neunjährigen Marigona und dem fünfjährigen Arian hat der jüngste Spross, Eron, im Sommer 2017 das Licht der Welt erblickt. „Er ist in unserer Familie der erste echte Frankfurter. Mit seiner Geburt sind wir hier nun richtig verwurzelt."

REZEPT

NICOS ALKOHOLFREIES TIRAMISU

Zutaten:
5 Eier
500 Gramm Mascarpone
Löffelbiskuits
Zucker
Kakaopulver

Zubereitung:
Starken Kaffee kochen, zwei Löffel Zucker darin auflösen und auskühlen lassen.

Eiweiß vom Eigelb trennen. Das Eigelb mit 5 Esslöffeln Zucker schaumig schlagen.

Den Mascarpone unter das Eigelb heben. Langsam das zuvor steifgeschlagene Eiweiß unter die Mascarponemasse heben.

Löffelbiskuits jeweils bis zur Hälfte kurz in den Kaffee eintauchen und in die Auflaufform geben.

Die Hälfte der Mascarponecreme auf die Löffelbiskuits streichen und eine zweite Schicht Löffelbiskuits sowie Mascarponecreme draufgeben.

Tiramisu mindestens 6 Stunden kaltstellen und vor dem Servieren mit Kakao bestäuben.

Variante mit Alkohol: Den abgekühlten Kaffee mit 6 cl Marsala (italienischer Dessertwein) vermischen und die Löffelbiskuits kurz eintauchen.

SCHICK
UND
SCHÖN

KRISE VOR DEM KLEIDERSCHRANK

Nein, dass war nun wirklich nicht abzusehen, dabei hatte der Morgen doch so entspannt angefangen: Der Wecker klingelt pünktlich, Körper und Geist verabschieden sich ungewohnt schnell aus dem Schlafmodus und nach einer erfrischenden Dusche sowie unfallfreiem Anziehen sind die Frühstücksboxen der Kinder wie von Zauberhand so schmackhaft gefüllt, dass mir selbst das Wasser im Munde zusammenläuft. Gerade noch die Nachrichten zu Ende hören, und dann weiter im Programm. Langsam wird es Zeit, den Nachwuchs zu wecken. Was ich zu diesem Zeitpunkt nicht weiß: Diesem frühen Morgen sollte noch ein besonderer Zauber innewohnen.

„Guten Morgen, aufwachen, es ist Zeit aufzustehen", flöte ich den beiden schlafenden Mädels jeweils gutgelaunt zu. Kurzes Strecken, ein lautes Gähnen, die langen Haare aus den Gesichtern gestrichen – meine Grüße werden zwar nicht erwidert, doch unerwartet direkt trotten beide Schwestern ins Bad und widmen sich Waschen und Zähneputzen. Jetzt noch rasch Klamotten an und wir könnten verhältnismäßig entspannt los in Richtung Kindergarten. Soweit der Plan. Alles Kopfkino, denn ich habe die Rechnung ohne das Krisengebiet Kleiderschrank gemacht. Auf diesem unberechenbaren Feld wird der Vorsatz, immer Geduld und Ruhe zu bewahren, mitunter auf eine harte Probe gestellt. Zielsicher nehme ich Wäsche, Hose, Shirt und Pulli aus dem Schrank und schon geht's los. „Nein, das doch nicht, zieh' ich nicht an", stellt sich die Große stur. Nach mehrmaligen Überzeugungsversuchen verhärten sich die Fronten mit dem kleinen Trotzkopf. Nachdem ich mit einem schnellen Handgriff eine aus meiner Perspektive absolut überzeugende Alternative anzubieten habe, verdreht sie nur demonstrativ die Augen, zeigt mit ihren beiden Daumen nach unten und fängt an, mit sicherem Griff selbst Klamotten auszusuchen. Wer sagt's denn, im Nu hat sie ihre neue Kombination angezogen und präsentiert sie grinsend. „Schatz, das ist doch wohl nicht dein Ernst?", entfährt es mir spontan. Über den Stil und die Zusammenstellung sag ich nichts, ich möchte es mal experimentierfreudig und kreativ nennen – grün gepunktete Leggins zu rosa Tüllrock mit Glitzersternen, lila Shirt mit Regenbogen und als Abschluss ein sehr blumig glitzernder Haarreif. Ich versuche es argumentativ, doch die kurze Diskussion über Farbkombinationen führt zu keinem Ergebnis. Langsam steigt der Zeitdruck und die dreijährige Schwester meldet sich auch schon zu Wort: „Ich will einen Rock, einen Drehrock." Innerlich leicht genervt und die tickende Uhr im Hinterkopf, resigniere ich und sehe ein, dass ich an diesem Morgen mit meinem Latein am Ende bin und diesen Klamottenkampf nicht gewinnen kann. Der Weg zum eigenen Stil treibt bisweilen seltsame Blüten und entspricht eben nicht immer den Vorstellungen der Eltern. Doch wie die beiden stolz und glücklich vor dem riesigen Spiegel stehen und ihr Outfit bestaunen, finde ich es schon wieder gut und denke mir, dass der Geschmack der Kinder glücklicherweise noch nicht von Normen der Erwachsenen geprägt ist. Anpassen werden sie sich wahrscheinlich früh genug, warum also beim Thema Kleiderschrank über jeden Schnickschnack ärgern. Lediglich bei der Schuhwahl – Sommersandalen bei Herbstregen – bleibe ich an diesem Morgen unnachgiebig, beende die Narrenfreiheit bei der Klamottenwahl und werde belohnt. „Mensch Papa, die rosa Gummistiefel passen eh viel besser zu meinem Rock."

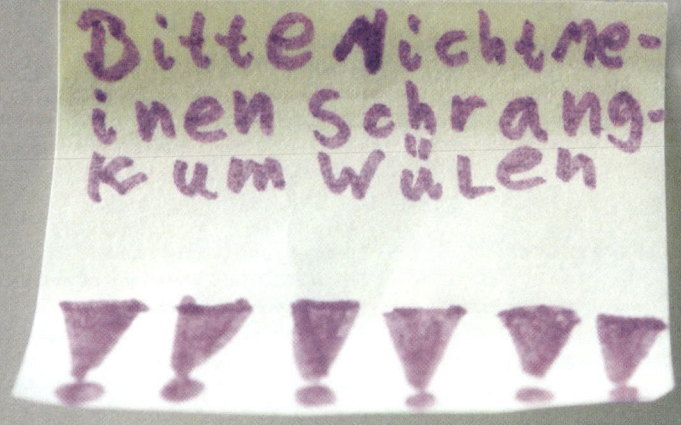

KINDERMODE

Bambinioutlet
Liebigstr. 17, Tel.: 069 15629921,
www.bambinioutlet.de
Armani, Burberry, Gucci, Dolce&Gabbana,
Moncler, Moschino, Ralph Lauren und viele
mehr – Inhaberin Susanne Koch bietet in
ihrer Boutique im Westend exklusive Kinder-
markenkleidung zu Outletpreisen für Jungs
und Mädels bis 12 Jahre.

Designerie
Brückenstr. 32, Tel.: 069 26920905,
www.designerie-frankfurt.de
Sabine Eilers kreiert aus Vintage-Stoffen aktuelle und zeitlose Mode. Angeboten werden
Modelle für Babys, Kinder und Damen, aber
auch ausgewählte Wohnaccessoires.

Die kleine Fabrik
Bornheimer Landstr. 60, Tel.: 069 494100,
www.diekleinefabrik.com
Ob qualitätsvolle Kleidung, Schuhe, Accessoires, Musik, Bücher, Taschen, Babytragesys-
teme oder Spielzeug – der rund 30 Quadratmeter große Laden zeigt, wie bunt Kindheit
sein kann.

Ernsting's family
Leipziger Str. 47,
Borsigallee 26 (Hessen-Center),
Tel.: 01805 833033, www.ernstings-family.de
Von trendiger Oberbekleidung über Acces-
soires und Wäsche bis hin zu Spielwaren
gibt es hier das passende Angebot zu einem
optimalen Qualitäts-Preis-Verhältnis.

Jacadi
Kaiserhofstr. 13, Tel.: 069 13387788,
www.jacadi.de
Exklusive Baby- sowie Kinderbekleidung,
Nachtwäsche und Schuhe. Die französische
Marke führt auch Babyzubehör sowie Pflege-
und Duftprodukte.

LaLiKa
Berger Str. 24, Tel.: 069 26916871,
www.lalikafashion.de
LaLiKa auf der Berger Straße führt Mode
ausgewählter Designer für Damen und Kinder ab 2 Jahren. Christina Gavioli, So Allure,
Olivia Hops und weitere Fashion-Labels sollen
die Persönlichkeit der Damen betonen.
Zudem gibt es Eigenkollektionen mit feinem
orientalischem Touch. Der Nachwuchs kann
sich über trendige Marken mit Komfort und
Qualität freuen.

Les petits folies de Julie
Gutzkowstr. 24, Tel.: 0176 21000403,
www.lespetitesfoliesdejulie.de
Unter dem von ihr gegründeten Label Les
Petites Folies de Julie entwirft Julie Cordier-
Barisik einen Mix aus klassisch französischer
Kindermode mit einem Hauch „Kiddiecou-
ture".

Mango Kids
Europa-Allee 6 (Skyline Plaza),
Tel.: 069 97671789, www.mango.com
Die Modekette für zeitgemäße Damenbe-
kleidung und Accessoires bietet in ihrem
Mango Kids-Store Mode und Accessoires für
Mädchen und Jungs von 3 bis 12 Jahren.

Petit Bateau
Große Bockenheimer Str. 17,
Tel.: 069 13385793, www.petit-bateau.de
In der Großen Bockenheimer Str., besser
bekannt als Fressgass, bietet die Kultmarke
Unterwäsche, Shirts, Jacken, Kleider und vie-
les mehr mit Komfort und gutem Design.

Petit ile aux trésors
Leipziger Str. 35, Tel.: 069 24448644
Leicht versteckt in einem Hinterhof lässt es
sich ruhig stöbern. Im Angebot befinden sich
hochwertige und individuelle Kindermoden,
u. a. Bellybutton und Desigual.

Sergent Major
Europa-Allee 6 (Skyline Plaza),
Tel.: 069 21083491, www.sergent-major.com
Trendige Mode für Kinder von 0 bis 14
Jahren mit französischem Charme und dem
gewissen Etwas. Komfort, Funktionalität,
Modernität sowie ein hervorragendes Preis-
Leistungs-Verhältnis stehen für Sergent Major
ganz oben.

Sonnylemon
Heidestr. 147, Tel.: 069 95638110,
www.sonnylemon.de
Hochwertige Kinderkleidung bekannter Labels in den Größen 50 bis 176. Eine handverlesene Mischung von Neuware und ausgewählten Secondhand-Klamotten. Neben Mode gibt es Spielzeug, Lampen, diverse Vintagemöbel sowie Designklassiker.

United Colors of Benetton
Oeder Weg 28, Tel.: 069 13023747,
www.benetton.de
Auf dem unteren Oeder Weg bietet der helle und angenehm übersichtliche Laden des italienischen Modeunternehmens ausschließlich Mode für Damen und Kinder. Neben Benetton-Basics sind auch Teile der neuen Kollektionen erhältlich.

Wollke7
Glauburgstr. 77 (im Reformhaus Andersch),
Tel.: 0176 24031544,
www.wollke7-frankfurt.de
Kreativ und peppig, aber auch klassisch und stilvoll, und das Ganze in Öko-Qualität. Der Laden führt auch Ware aus 2. Hand – auch diese in Öko-Qualität.

ALLES UNTER EINEM DACH

Amanel
Sigmund-Freud-Str. 56–58, Tel.: 069 36604008,
www.amanel.de
Der Laden für Kinder- und Babybedarf bietet eine große Auswahl an ökologischer Bekleidung, hochwertigem Spielzeug, sicheren Autositzen und weiteren Produkten.

Anton-Emma
Mainkurstr. 11, Tel.: 069 20161772,
www.anton-emma.de
Nachhaltig, ökologisch und fair – Anton-Emma bietet fröhlich-bunte und hochwertige Kinderdinge aus 100 Prozent Bio-Baumwolle, gefertigt in Deutschland. Das Familienunternehmen entwirft Mode in klaren Farben und Schnitten für Kinder von 0 bis 12 Jahren. Neben dem eigenen Label „Anton Emma" gibt es im Laden in der Nähe des Bornheimer Uhrtürmchens weitere

WIE HEISST DU?
Alexandra

WIE ALT BIST DU?
8

IN WELCHEM STADTTEIL WOHNST DU?
Eschersheim

WAS IST DEIN LIEBLINGSPLATZ IN FRANKFURT?
Spielzeugladen Meder und Cafe Wacker in Bornheim

WAS IST DEIN LIEBLINGSSPIELZEUG?
Diabolo

WAS IST DEIN LIEBLINGSGERICHT?
Pizza

WAS IST TOLL IN/AN FRANKFURT?
Dass meine Freunde hier wohnen

WAS FINDEST DU BLÖD IN/AN FRANKFURT?
Nichts

Produkte rund um Babys und Kinder. Alle handverlesen und passend ausgewählt zur eigenen Philosophie. Es gibt Puppen aus Bio-Baumwolle und vegane Plüschtiere sowie Holzspielwaren, die in Deutschland hergestellt werden. Wer Kinderzimmer-Accessoires wie Kissen, Bettwäsche, Decken, Traumzaubermonde und mehr sucht, wird hier auch fündig.

August Pfüller
Goethestr. 12, Tel.: 069 13378070,
www.august-pfueller.de
Auf vier Etagen bietet das Familienunternehmen eine breite Auswahl handverlesener Produkte. Das Sortiment hält für jedes Alter – von der Geburt bis zum Teenager – das Passende bereit. Am Flughafen Frankfurt, Terminal 1A, betreibt August Pfüller zusätzlich einen Kidskonzept-Store.

BabyOne
Hanauer Landstr. 11–13,
Tel.: 069 904342800, www.babyone.de
Das mittelständische Familienunternehmen bietet alles für das Baby. Das sehr breite Sortiment im Ostend umfasst u.a. Kinderwagen & Buggys, Zubehör für den Kinderwagen, Autositze und Kindersitze sowie Babyschalen, Möbel für das Kinderzimmer, Produkte für die Sicherheit des Kindes, Pflege und Ernährung sowie Babybekleidung und Umstandsmode.

Baby's Hardware
Rohrbachstr. 42, Tel.: 069 94592504,
www.babys-hardware.de
Der Premium-Fachhändler mit Reparatur- und Reinigungsservice führt Kinderwagen von Emmaljunga und Autositze von Kiddy und Römer. Bei Baby's Hardware dürfen Sie alle Produkte testen und sich auf eine exklusive Beratung freuen. Die Werkstatt richtet sich vorrangig auf die hier verkauften Marken. Sofern möglich, behebt Inhaber Michael Heck die Defekte sofort. Dauert es doch etwas länger, stellt er einen entsprechenden Ersatzwagen bzw. Kindersitz zur Verfügung. Der Service „Reinigen und Überholen" befreit Sitze bzw. Kinderwagen gründlich von Schmutz und Dreck.

Baby Walz
Schäfergasse 18, Tel.: 069 1337440,
www.baby-walz.de
Baby Walz ist die zentrale Anlaufstelle für Schwangere, Babys & Kleinkinder. Von der Babyausstattung bis zum Tretauto – hier finden Sie alles, damit sich das Kind von Anfang an wohl fühlt.

Dijadi – lebe bunter!
Glauburgstr. 69, Tel.: 069 91310523,
www.dijadi.de
Natasha Dimovska führt in ihrem Geschäft im Nordend nachhaltige und qualitativ hochwertige Produkte. Die farbenfrohe Kinderkleidung und die Accessoires sind überwiegend von deutschen und skandinavischen Marken.

Frau Nellson und ihre Schönigkeiten
Brückenstr. 41, Tel.: 069 46998128
www.frau-nellson.de
Der Schwerpunkt des Kinderbekleidungsgeschäfts im Brückenviertel liegt auf nachhaltigen Naturmaterialien: Organic Cotton, Wolle-Seide und Wolle. Auch eine Auswahl an Frühchen- und Neugeborenenbekleidung bietet der Eckladen. Zudem gibt es Schuhe

in den Größen 18–35, Holzspielzeug, Möbel und Interieur fürs Kinderzimmer, Kuschel- und Spieltiere, schöne Bücher und vieles mehr.

Innenleben
Friedberger Landstr. 68, Tel.: 069 438687
www.innenleben.com
Seit über zwei Jahrzehnten schafft Innenleben Atmosphäre. Das Team um Inhaberin Eva Clotten-Unterberg zeichnet sich durch seine langjährige Erfahrung mit Textilien und Einrichtungskonzepten sowie kreatives Innendesign und einen treffenden Blick für Wohnambiente aus. Im Innenleben gibt es auch tolle Stoffe, Tapeten und Teppiche, Kissen und Leuchten, Möbel und Deko-Ideen für das Kinderzimmer.

KidsGlam&more
Große Bockenheimer Str. 29 (Fressgasse),
Tel.: 069 13383434, www.miyumy.com
Das Geschäft inmitten der Fressgasse bietet Produkte für den Nachwuchs und das Kinderzimmer. Unter dem Label „Miyumi" werden liebevoll handgefertigte Unikate angeboten.

Kokono Kinderwagen-Pflegeservice & Baby-Boutique
Dreikönigsstr. 15, Tel.: 069 66374777,
www.kokono.de
Über Stock und Stein, bei Wind und Wetter – ein Kinderwagen muss schon einiges aushalten. Umso wichtiger ist es, dass sich der Nachwuchs unterwegs immer gut aufgehoben fühlt. Kokono pflegt und wartet Kinderwagen aller Hersteller natürlich, biologisch per Hand bzw. maschinell vor Ort in der kokono-Werkstatt. Schmutz und Keimen wird dabei mit hochwertigsten und biologisch abbaubaren Reinigungsmittel und Schmiermitteln zu Leibe gerückt. Die dazugehörige Baby-Boutique bietet eine feine Auswahl an Nützlichem und Schönem für die Baby- und Kind-Welt sowie innovative Dinge mit anspruchsvollen Designs.

Konfettiwolke
Weberstr. 82, Tel.: 069 90753388,
www.konfettiwolke.de
Konfettiwolke ist ein Kinder Concept-Store mit liebevoll ausgesuchten Produkten für Kinder und Familien: Kinderbekleidung, Schuhe, Bücher, Spielsachen, Accessoires und Papeterie für Kinder im Alter von 0 bis 10 Jahren.

Kontrast
Hanauer Landstr. 297, Tel.: 069 9043930,
www.kontrastmoebel.de
Große wie kleine Individualisten werden hier fündig. Kontrast präsentiert internationale Produkte rund ums Wohnen. Menschen mit Sinn für Ästhetik freuen sich über individuelle Einrichtungsideen sowie eine große Auswahl an Accessoires und außergewöhnlichen Geschenkideen.

lillestar – lieblingsdinge für kinder
Finkenhofstr. 9, Tel.: 069 66961001,
www.lillestar.de
Nach dem Motto „immer neu, modern & anders" bietet lillestar in der Nähe des Oederwegs Baby- und Kinderkleidung, Spielzeug, Kinderwagen und Buggys, Möbel, Textilien und Accessoires an. Der Laden ist barrierefrei und verfügt über viel Platz für den Besuch mit dem Kinderwagen.

Löllmann Baby- & Kinderausstattung
Bolongarostr. 153, Tel.: 069 312858,
www.loellmann.de
Löllmann hat eine umfangreiche Auswahl an namhaften Kinderwagen- und Autositz-Herstellern. Der Fokus liegt auf rückwärts gerichteten Autositzen. Der Kinderwagen läuft nicht mehr ganz rund? Kein Problem, der Kinderwagenreparaturservice macht fast jedes Gefährt/Modell fachgerecht wieder flott. Die kompetente Beratung hilft, den für Sie und Ihre Bedürfnisse entsprechenden Wagen oder Autositz zu finden. Terminvereinbarungen sind auch außerhalb der regulären Öffnungszeiten möglich.

Märchenwelt Kinderzimmer
Kaiserhofstr. 15, Tel.: 069 92882888,
www.kinderzimmer-maerchenwelt.de
Joanna Isenberg präsentiert individuelle Baby-, Kinder-, und Jugendzimmereinrichtungen. Von Tapeten, Stoffen und Gardinen bis zu Accessoires bieten die Experten alles rund um das Kinderzimmer aus einer Hand. Zusätzlich gibt es Kindermode, Spiele und Geschenke.

WIE HEISST DU?
David

WIE ALT BIST DU?
6

IN WELCHEM STADTTEIL WOHNST DU?
Ginnheim

WAS IST DEIN LIEBLINGSPLATZ IN FRANKFURT?
Der Römerplatz

WAS IST DEIN LIEBLINGSSPIELZEUG?
Meine Drachen (Dragons)

WAS IST DEIN LIEBLINGSGERICHT?
Pasta

WAS IST TOLL IN/AN FRANKFURT?
Der Sommer

WAS FINDEST DU BLÖD IN/AN FRANK-FURT?
Den Regen

Nima
Koselstr. 57, Tel.: 069 13025825,
www.nima-lieblingsstuecke.de
Das Geschäft von Meike Fiedler-Herrmann
bietet ein breites Sortiment an Lieblings-
stücken für Kinder und Erwachsene. Hier
bekommt man den ersten Babybody, ein
cooles Shirt für Kids, Geschenke und Wohnaccessoires.

Noa Boa
Hedderichstr. 47, 069 66964923,
www.noaboa.de
Auf 550 Quadratmetern wartet ein umfangreiches Sortiment ausgesuchter Schwanger-
schafts-, Baby- und Kinderkleidung bis Größe
176. Darüberhinaus gibt es BOPITA Kinder-
möbel, Bugaboo Kinderwagen und schöne
Spielwaren.

Schwab's Baby-Center
Hanauer Landstr. 417, Tel.: 069 422006,
www.schwabs-babycenter.de
Der Babyfachmarkt bietet auf rund 1.550 Quadratmetern alles, was Kinder benötigen. Das
über drei Etagen verteilte Sortiment reicht
von den Bedürfnissen in der Schwangerschaft
bis zur Nahrung, Sicherheit und Spielzeug
fürs Baby.

mainclean
Fallerslebenstr. 12, www.mainclean.de
mainclean arbeitet schonend für Mensch
und Umwelt. Die gut geschulten Mitarbeiter
kümmern sich fachgerecht um ihre Gardero-
be, Gardinen, Wäsche u.s.w. Auch Kinderwagen werden von den Experten professionell
gereinigt.

SCHWANGERSCHAFTSMODE

Have Babies – der Einkaufsladen
Eckenheimer Landstr. 45, Tel.: 069 59797602
Für alle, die bei Kleidung und Accessoires für
Kinder Wert auf Ökologie und Qualität legen,
bietet der Laden eine feine Auswahl hochwer-
tiger Produkte. Von Frühchenkleidung über
Erstausstattung, Kinderbasics bis Stillzubehör,
Tragehilfen, Bücher und mehr.

H&M

Zeil 112–114, Tel.: 0800 6655900,
www.hm.com
Jeans, Bluse, T-Shirt, Unterwäsche und mehr
– die schwedische Handelskette hält für
Schwangere ein modisches Sortiment bereit.
Das Angebot ist dabei nicht nur schick, sondern auch bezahlbar.

C&A

Zeil 48, Tel.: 069 299810, www.c-and-a.com
Ob Sie Umstandsmoden schlicht, verspielt
oder elegant mögen, bei C&A erhalten Sie
Schwangerschaftsmode, die passt und
gefällt. Von der Jeans über Jacken bis hin zur
Bademode – hier gibt es alles, was Sie für die
schönsten neun Monate benötigen.

Esprit

Zeil 121, Tel.: 069 9288730, www.esprit.de
Von lässigen Wohlfühl-Outfits bis hin zu ele-
ganter Umstandsmode und Business-Looks
– der Esprit Flagship-Store auf der Einkaufs-
meile Zeil zeigt in seiner Kids-Welt, wie wan-
delbar schwangere Frauen sein können.

Paulina Umstandsmode

Kleine Hochstr. 7, Tel.: 069 29729396,
www.paulina-umstandsmode.de
Mal lässig, mal business-like, einfach trendy
oder glamourös – Paulina zeigt, wie abwechslungsreich Umstandsmode eigentlich sein
kann. Im zentral gelegenen Shop finden
Besucher Originelles und Einzigartiges. Die
große Vielfalt umfasst neben Umstands-
auch Stillmode, modische Babybekleidung,
Accessoires und kreative sowie individuelle
Geschenkideen wie beispielsweise handgefertigte Präsente zur Geburt.

2ND HAND

Kiddis

Berger Str. 56, Tel.: 069 94415822
Hinter dem Schaufenster des winzi-
gen Ladens verbergen sich hochwertige
Secondhand-Kleidung, Kinderzubehör und
Spielsachen. Gut erhaltene Kleidung vom
Baby- bis ins Teeniealter.

Matilda

Laubestr. 1, Tel.: 069 69534700,
www.meinematilda.de
Im liebevoll eingerichteten Secondhand Kin-
derwarenladen kann man auf Entdeckungstour gehen. Die Klamotten (bis Größe 164),
Schuhe, Spielsachen und Bücher sind tadel-
los in Schuss. Eine Kollektion an Umstandsmode befindet sich ebenfalls im Sortiment.

Monsters

Wiesenstr. 46, Tel.: 069 15345269,
www.monsters-bornheim.de
Mitten in Bornheim finden Eltern bei Stefanie
Bauer auf rund 50 Quadratmetern nicht nur,
was Kinder brauchen, sondern auch was
ihnen Spaß macht: gut erhaltene Kinderkleidung, Spielzeug, Bücher und Zubehör.

Yasmini

Marburger Str. 6, Tel.: 069 77039894,
www.yasmini.de
Yasmini legt großen Wert auf Qualität und
günstige Preise. Zur Auswahl gehören Kinder-
und Babyzubehör, Kinderbekleidung, gut
erhaltene Schuhe, Spielsachen, Bücher, Umstandsmode und besondere Geschenke.

KINDERSCHUHE

Deichmann

u. a. Berger Str. 147, Borsigallee 26 (Hessen-
Center), Mainzer Landstr. 683 (Griesheim-
Center), Limescorso 8 (NordWestZentrum),
Zeil 109, www.deichmann.com
Krabbelschuhe und Lauflernschuhe, Klett-
schuhe und Schnürstiefel für Kindergarten
und Schule – diese und noch mehr finden
sich im großen Angebot von Deichmann.
Ebenso sind Skaterschuhe im Sortiment vorhanden, Sportschuhe, Ballerinas, Kindersan-
dalen und vieles mehr. Auch die Marken-
auswahl der Schuhe von Deichmann, u. a.
Elefanten, Skechers, ist enorm.

Dielmann

Europa-Allee 6 (Skyline Plaza),
Tel.: 069 74221612, www.dielmann.de
Große Auswahl trendiger Kinderschuhe
und eine fachkundige sowie kompetente
Beratung. Die Kinderschuh-Experten messen

Kinderfüße professionell und beraten bei der richtigen Passform.

Görtz
Biebergasse 6 – 10, Tel.: 069 20973710,
www.goertz.de
Das Traditionsunternehmen bietet eine große Auswahl an Kinderschuhen gepaart mit kompetenter Beratung. Im Görtz Outlet auf der Mainzer Landstr. 633 gibt es Markenschuhe zu stark reduzierten Preisen.

Lepo
Rendeler Str. 54, Tel.: 069 46994128,
www.lepo.de
Der Fachgeschäft bietet neben Lauflernschuhen, Halbschuhen, Ballerinas, Sandalen, Stiefel, Hausschuhen und Schläppchen auch Kinder-, Damen- sowie Festbekleidung, Mützen, Schals, Handschuhe, Strümpfe, Gürtel, Taschen und Rucksäcke.

Nordendglück
Oeder Weg 75, Tel.: 069 90500785,
www.nordendglueck.de
Bei Nordendglück finden Suchende Kinderschuhe vom Lauflernschuh bis zu Chucks, von Sandalen bis zu wasserdichten Stiefeln, vom klassischen Sneaker bis zu Ballerinas für Groß und Klein.

Salamander
Zeil 113, Tel.: 069 282224,
www.salamander-online.de
Eine große Auswahl Kinderschuhe bietet Salamander auf der Zeil. Die Markenvielfalt und das breite Angebot unterschiedlicher Schuhtypen sorgen dafür, dass hier für jeden Geschmack – Jungs oder Mädchen – der richtige Schuh dabei ist. Die kompetenten Mitarbeiter helfen und beraten in allen Fragen um den passenden Schuh.

TASCHEN UND RANZEN

Lassners
Friedberger Landstr. 295–297,
Tel.: 069 95928481, www.lassners.de
Das große Sortiment umfasst unter anderem Wickeltaschen, Kindergartentaschen, Schulranzen, Schulrucksäcke sowie Schultaschen.

WIE HEISST DU?
Lina

WIE ALT BIST DU?
7 Jahre

IN WELCHEM STADTTEIL WOHNST DU?
In Preungesheim

WAS IST DEIN LIEBLINGSPLATZ IN FRANKFURT?
Der Abenteuerspielplatz Günthersburgpark, weil man da so toll klettern kann

WAS IST DEIN LIEBLINGSSPIELZEUG?
Mein Puppenhaus

WAS IST DEIN LIEBLINGSGERICHT?
Pizza

WAS IST TOLL IN/AN FRANKFURT?
Dass man hier deutsch redet. Wir haben bis vor einem Jahr in Neuseeland gewohnt, da haben die meisten Leute englisch gesprochen

WAS FINDEST DU BLÖD IN/AN FRANKFURT?
Dass hier ganz viele Autos fahren

Das geschulte Fachpersonal hilft beispielsweise beim Anprobieren des Schulranzens
oder der Auswahl der Schultasche, um das
richtige Modell herauszufinden.

Leder Stoll
**Schäfergasse 50, Tel.: 069 2970560,
www.koffer24.de**
Das Fachgeschäft bietet ein buntes und
qualitativ hochwertiges Sortiment aus
Rucksäcken, Ranzen, Kindergartentaschen,
Gepäck und Trolleys. Dabei wird vor allem auf
Leichtbaukonstruktion, auf ergonomische Rü-
ckenpartien, auf verstellbare Tragegurte sowie
auf flexible Trageschlaufen geachtet. Leder
Stoll ist Initiator des jährlich stattfindenden
Frankfurter Ranzentages.

KINDERBÜCHER

Autorenbuchhandlung Marx & Co
**Grüneburgweg 76, Tel.: 069 722972,
www.autorenbuchhandlung-marx.de**
In die einladenden Räume im Grüneburgweg kommen nicht nur Universitätsangehö-
rige, sondern auch die großen und kleinen
Bewohner des Westends, um ihren Buch-
bedarf zu decken. Die Buchhandlung bietet
regelmäßige Veranstaltungen wie Gespräche
und Lesungen. Die Jüngsten freuen sich
beispielsweise über Bilderbuchferien für
Kindergarten- und Grundschulkinder und
Adventslesungen.

Buchhaltung Weltenleser
**Oeder Weg 40, Tel.: 069 91507210,
www.buchhandlung-weltenleser.com**
Maria Lucia Klöcker und Almut Kläs bieten
in der Buchhandlung Weltenleser Bücher für
kleine und große Entdecker. Die individuelle
Buchhandlung auf dem Oeder Weg ist nach
Kontinenten, Regionen und Ländern konzi-
piert. Zum Sortiment gehören anspruchsvolle
Kinder- und Jugendbücher, darunter viele
Klassiker sowie Sagen und Märchen. Den
beiden Inhaberinnen ist es ein Anliegen, schön
gestaltete und hochwertig hergestellte Bücher
zu führen.

WIE HEISST DU?
Josefine

WIE ALT BIST DU?
8 Jahre alt

IN WELCHEM STADTTEIL WOHNST DU?
In Rödelheim

**WAS IST DEIN LIEBLINGSPLATZ IN
FRANKFURT?**
Das Rebstockbad und der Spielplatz im
hinteren Bereich des Grüneburgparks

WAS IST DEIN LIEBLINGSSPIELZEUG?
Meine Polly Pockets und mein Fidget
Spinner

WAS IST DEIN LIEBLINGSGERICHT?
Die Palatschinken von Lili

WAS IST TOLL IN/ AN FRANKFURT?
Dass fast alle meine Freunde hier woh-
nen und dass man an der Nidda so viele
Tiere beobachten kann

**WAS FINDEST DU BLÖD IN/AN
FRANKFURT?**
Dass manche Ampeln für Fußgänger so
schnell rot werden

BESONDERER TIPP

Zentrale Kinder- und Jugendbibliothek

Die Zentrale Kinder- und Jugendbibliothek in der Arnsburger Straße 24 fördert den Lesespaß und besitzt ein breites Medienangebot vom Bilderbuch bis zum Konsolenspiel, vom Sachbuch bis zur Abiturhilfe. Hinzu kommen Medien zur Unterhaltung und Wissensvermittlung für Kinder und Jugendliche. Zeitschriften, DVDs, CDs u. v. m. In der LernWerkstatt (1.–10. Schuljahr) gibt es Lexika und Lernhilfen, Easy Reader, Lernsoftware, Sachliteratur und Einzel- und Gruppenarbeitsplätze. Ein besonderes Angebot für Jugendliche ab 12 Jahren ist die TeenLounge. Hier finden Besucher neben Büchern auch CDs, Konsolenspiele, DVDs, Mangas und vieles mehr. Zudem besitzt die Zentrale Kinder- und Jugendbibliothek vier Internet-Terminals. WLAN ist für alle Leser mit gültigem Bibliotheksausweis kostenlos verfügbar. Die Stadtbücherei Frankfurt bietet seinen Bürgern insgesamt 19 öffentliche Bibliotheken und eine Fahrbibliothek mit zwei Bücherbussen. **Mehr Informationen auf www.stadtbuecherei. frankfurt.de**

Bücherbus

Die fahrende Bibliothek besucht Orte, an denen es keine Stadtbücherei gibt. Mit zwei Bücherbussen steuert sie mehr als 30 Haltepunkte in Frankfurt an. Pro Bus fahren etwa 5.000 Medien mit. In jedem Bus finden die kleinen und großen Besucher Romane und Hörbücher, Sachliteratur und Ratgeber, Kinder- und Jugendmedien, CDs, DVDs, Konsolenspiele, Zeitschriften u. v. m. **Mehr Informationen auf www.frankfurt.de**

Junges Literaturhaus

Das Literaturhaus bietet neben seinem Programm für Erwachsene auch einige interessante Veranstaltungen für junge Leser an. Einmal im Monat gibt es die sogenannten Kinderbuch-Sonntage, an denen eine Lesung oder sonstige Veranstaltung für Kinder und Jugendliche unterschiedlicher Altersgruppen stattfindet. Darüber hinaus werden unter der Woche auch Lesungen für Schüler oder Abendveranstaltungen für Jugendliche angeboten. **Mehr Informationen auf www.literaturhaus-frankfurt.de**

Carolus Bücher
Vilbeler Str. 36, Tel.: 069 138840,
www.carolus-buecher.de
Wenige Minuten von der Konstablerwache entfernt, bietet die Buchhandlung Carolus auf 250 Quadratmetern ein ausgesuchtes Sortiment an Kinder- und Jugendbüchern, Belletristik und Sachbüchern sowie eine stadtbekannte Auswahl im Bereich Theologie und Devotionalien. Die kompetente Beratung ist ebenso selbstverständlich wie die Bestellung jedes lieferbaren Buches.

Eselsohr
Am Weingarten 11, Tel.: 069 706811,
www.eselsohr-buchhandlung.de
Das Eselsohr ist eine Kinder- und Jugendbuchhandlung sowie ein Geschäft für Spielwaren und Spiele. Neben Bilderbüchern, Kinder- und Jugendbüchern, Sachbüchern sowie

Hörbüchern gibt es hochwertiges Spielzeug. Das geschulte Personal hilft gerne.

Hugendubel
Steinweg 12, Tel.: 069 80881188,
www.hugendubel.de
In der großzügig gestalteten Kinder- und Jugendbuchabteilung im Untergeschoss der Filiale an der Hauptwache können die Kleinsten nach Herzenslust in neuen Büchern blättern und sich einlesen.

Räubernest
Im Prüfling 30, Tel.: 069 97764033,
www.das-raeubernest.de
Das Räubernest bietet eine große Auswahl an Kinder- und Jugendbüchern. Darüber hinaus gibt es Hörbücher, DVDs, Kuscheltiere, Handpuppen, Schleich-Figuren, diverse Spiele, Postkarten und kleinen Schnickschnack.

Spieltruhe/Buchtruhe
**Eschersheimer Landstr. 182,
Tel.: 069 28606464,
Riedbergplatz 2, Tel.: 069 95733044,
www.spiel-buchtruhe.de**
Die Spiel- und Buchtruhe am Dornbusch und
am Riedberg bietet eine große Auswahl an
unterschiedlichen Spielen, Büchern, Spielzeu-
gen sowie Schreibwaren, kreative Bastelsets,
Experimentierkästen und Geschenkartikel für
Erwachsene und Kinder. Das Sortiment ist
mit Liebe und Sorgfalt ausgewählt.

Tatzelwurm
**Glauburgstr. 32, Tel.: 069 553787,
www.buchhandlung-tatzelwurm.de**
In der Buchhandlung mit Schwerpunkt Kin-
der- und Jugendbuch stehen die Wünsche
der kleinen Kunden sowie eine sorgfältige
Beratung im Mittelpunkt. Neben Kinder- und
Jugendbuchtiteln gibt es Hörbücher und
Musik, ausgewähltes Spielzeug sowie Gesell-
schaftsspiele und Kleingeschenke.

SPIELWAREN

Flying Tiger Copenhagen
**u. a. Berger Str. 187, Tel.: 069 93994572,
Leipziger Str. 27, Tel.: 069 70794958,
Zeil 106 (MyZeil), Tel.: 069 21995550,
Europa Allee 6 (Skyline Plaza),
Tel.: 069 78803270, www.flyingtiger.com**
Diese quirligen Produkte machen Spaß und
sorgen für gute Laune. Stillvolle, bunte, prakti-
sche und originelle Dinge für Zuhause. Flying
Tiger Copenhagen bietet eine Kombination
aus unkonventionellem und funktionellem
dänischen Design und erschwinglichen
Preisen.

Held der Steine
**Gutzkowstr. 16, Tel.: 069 95863972
www.held-der-steine.de**
Zwischen Schweizer Platz und Lokalbahn-
hof gibt es bei Held der Steine alles was das
Lego-Herz begehrt. Neben aktuellen Sets
aus den Lego-Serien findet man hier auch
eine schöne Auswahl an bereits bespielten
Modellen – alle in gutem Zustand. Zudem
gibt es einen großen Vorrat an Ersatzteilen
aus den vergangenen drei Lego-Jahrzehnten.

WIE HEISST DU?
Joaquin

WIE ALT BIST DU?
5

IN WELCHEM STADTTEIL WOHNST DU?
Eschersheim

**WAS IST DEIN LIEBLINGSPLATZ IN
FRANKFURT?**
Schwimmbad

WAS IST DEIN LIEBLINGSSPIELZEUG?
Lego Ninjago, Lego Nexo Knights

WAS IST DEIN LIEBLINGSGERICHT?
Pfannkuchen mit Apfelmus

WAS IST TOLL IN/AN FRANKFURT?
Dass ich hier so gut toben kann

**WAS FINDEST DU BLÖD IN/AN
FRANKFURT?**
Gar nichts

53

Spannende Entdeckungen garantieren die originalverpackten und ungeöffneten Sets, die Lego schon länger nicht mehr produziert.

Intertoys
Zeil 106 (MyZeil), Tel.: 069 21086037, www.intertoys.de
Das breite Sortiment der größten Spielwarenkette in den Niederlanden umfasst Namen wie Lego, Mattel, Hasbro. Playmobil, Zapf und Ravensburger. Zusätzlich gibt es eigene Importartikel zu attraktiven Preisen.

Just4fun
Europa-Allee 6 (Skyline Plaza), Tel.: 069 15042490
Das Sortiment des Vedes-Spielwarenfachgeschäftes bietet u. a. Lego, Playmobil, HABA, Ravensburger, Kosmos, Coppenrath/Spiegelburg, Margarete Steiff, Sterntaler, Sigikid, Carrera, Revell (nur R/C), Schleich, Bullyland, Spielstabil, Brio, Siku, Mattel, Hasbro, Amigo, Schmidt Spiele, Ty, Scout, Theo Klein. Mit dem angebotenen Wunschboxservice wird es für die Geburtstagsgäste besonders einfach, dass richtige Geschenk zu finden.

Kaufhof
Zeil 116, Tel.: 069 21910, www.galeria-kaufhof.de
Umfangreich bestückt mit allem, was zum glücklichen Kind-Sein gehört – die Spielwarenabteilung lässt keine Wünsche offen. Einzelne Markenshops machen Lust auf spielen, vor Ort darf man unbedingt Hand anlegen.

LEGO Store
Zeil 106 (MyZeil), Tel.: 069 20977699, www.lego.com

Exklusive LEGO-Sets, inspirierende LEGO-Modelle, innovative Highlights, großzügige Spiel- und Bauflächen und die Möglichkeit, eigene Minifiguren zu bauen, lassen Groß und Klein in die bunte Welt von LEGO abtauchen.

Meder
Berger Str. 198, Tel.: 069 459832, www.meder-frankfurt.de
Für kleine Gäste bietet das Traditionsgeschäft nahezu alles, was das Herz begehrt: von Lego, Playmobil, Steiff und Brio bis hin zu Pustefix. Freunde der Miniaturwelten (Modelleisenbahnen, Modellautos- und Flugzeuge sowie Autorennbahnen) kommen ebenfalls auf ihre Kosten.

Nähe Main
Schulstr. 1, Tel.: 069 40563051, www.naehemain.de
Im Brückenviertel fertigt Nähe Main Anziehendes für Mutter und Kind. Nicht nur ausgewählte Stoffe, Schnitte und Produkte rund um das Thema Do-it-Yourself finden sich im Programm, sondern auch schöne Dinge von feinen Manufakturen aus der Nähe. Spielzeug, Accessoires und Produkte aus dem Papeterie- und Kreativbereich runden das Angebot ab.

Pappnase
Leipziger Str. 6, Tel.: 069 709493, www.pappnase-laden.de
Von Zirkusbedarf über Theateraccessoires bis hin zu großen und kleinen Geschenkartikeln und vieles mehr bietet die Pappnase. Für Aktivitäten an der Luft gibt es Slacklines, Frisbees, Seifenblasen, Springseile und einiges mehr. Zur Weihnachtszeit warten besondere Weihnachtsartikel und Geschenk-

ideen. Auch Utensilien für die nächste Party findet man hier. Viele Mitarbeiter kommen aus dem Künstlerbereich, eine kompetente und persönliche Beratung ist damit selbstverständlich.

Spielzeux
Oppenheimer Landstr. 40, Tel.: 069 47868354, www.spielzeux.de
Spielzeux steht für originelle und innovative Geschenkideen. Das kleine Familienunternehmen in Sachsenhausen legt Wert auf Spielwaren und Basteleien, die das kreative und selbstständige Denken sowohl fordern als auch unterstützen. Das Sortiment ist mit viel Liebe und Sorgfalt zusammengestellt.

Tia Emma
Alte Gasse 4, Tel.: 069 8003940, www.tia-emma.de
Hier kommt man aus dem Entdecken nicht mehr raus. Im liebevoll eingerichteten Tante Emma Laden (Tia ist spanisch für Tante) von Wiebke Kress-Ochmann und Rosaria Messina finden Besucher in entspannter Atmosphäre schönen Schnickschnack, diverses Spielzeug, außergewöhnliche Kleinigkeiten, ausgefallene Wohnaccessoires, Designobjekte und vieles mehr. Für gute Laune sorgen auch die köstlichen Kuchen, leckerer Kaffee und Getränke, die man entweder vor oder im Laden genießen kann.

Wohnen und Spielen
Große Friedberger Str. 32, Tel.: 069 285171, www.wohnenundspielen.de
Wohnen und Spielen steht für ein umfangreiches Warenangebot guten Spielzeugs mit kindgerechtem Design. Die Spielzeuge sind im Wesentlichen aus klassischen Materialien hergestellt, langlebig und umweltverträglich.

FAHRSPASS

B.O.C.
Hanauer Landstr. 435, 069 247575320, www.boc24.de
Eine Auswahl von über 15.000 Fahrrädern von Topmarken, attraktive Fahrradbekleidung sowie Fahrradzubehör. Zudem gibt es eine professionelle Fahrradwerkstatt.

Fahrrad Böttgen
Große Spillingsgasse 8–14, Tel.: 069 9451080, www.fahrrad-boettgen.de
Große Fahrradauswahl aller Art. Zusätzlich gibt es Zubehör, Ersatzteile, Bekleidung und eine kompetente Beratung. Die vor Ort ansässige Werkstatt verkauft gebrauchte Modelle. In der Querstraße 8–10 befindet sich auch eine Innenstadt-Filiale.

Per Pedale
Adalbertstr. 5, Tel.: 069 70769110, www.perpedale.de
Der Fahrradladen in Bockenheim bietet seit über 25 Jahren alles, was man für die Fortbewegung auf dem Drahtesel braucht. Dabei kommen auch die Kleinen nicht zu kurz. Laufräder, Anhänger, jede Menge Zubehör und einiges mehr sind im Angebot. Eine VSF-all-ride-Werkstatt ist direkt angeschlossen.

Radschlag
Hallgartenstr. 56, Tel.: 069 452064, www.radschlag.de
Das Fahrradgeschäft hilft fachmännisch bei der Suche nach dem passendem Fahrrad. Radschlag verkauft jedoch nicht nur Zubehör, Ersatzteile und Fahrräder, die kompetente Werkstatt repariert sie auch.

Zweirad Ganzert
Mainzer Landstr. 234, Tel.: 069 734386, www.zweirad-ganzert.de
Bereits seit 1923 ist das Fachgeschäft in allen Fragen rund ums Rad für seine Kunden da. Etwa 400 Räder sind in der Ausstellung vorrätig. Eine kompetente und ausführliche Beratung ist selbstverständlich. Die Werkstatt führt Reparaturen fachgerecht aus.

Zweirad-Center Stadler
Borsigallee 23, Tel.: 069 67728440, www.zweirad-stadler.de
Das Familienunternehmen bietet ein Riesensortiment an Rädern und Zubehör. Auf rund 10.000 Quadratmetern findet der fahrradinteressierte Kunde alles rund ums Rad, sei es das Fahrrad, die passende Bekleidung, Helme oder Einzelteile. Eine Meisterwerkstatt ist direkt vor Ort.

Türkei: Familie Güller

Von der Megacity ins Metropölchen

Duygu und Engin Güller hatten schon immer mit dem Gedanken gespielt, eine Zeitlang im Ausland zu leben. Zuhause in Istanbul sprachen sie öfter über die Möglichkeiten und Chancen. Im Jahr 2013 bewarb sich der Software-Entwickler auf eine Stelle, die in Eschborn ausgeschrieben war – und wurde direkt genommen. „Das ging schneller als wir erwartet hatten", erinnert sich Engin. Im September war es so weit, mit nur wenigen Deutschkenntnissen machte er sich auf die Reise, denn eigentlich wollten er und seine Frau immer in ein englischsprachiges Land. Nun also Deutschland.

Sein erster Eindruck: „Hier ist es aber grün! Ich dachte, Deutschland sei eine Industrienation, aber überall sind Bäume und Parks. Das hat mir gut gefallen." Seine Frau Duygu, Financial Controller und Wirtschaftsprüferin, kam drei Monate später nach. Sie war ebenfalls erstaunt über das viele Grün, „und vor allem darüber, wie wenig Verkehr es hier gibt!" Zumindest verglichen mit der Megacity Istanbul, wo die beiden zuvor gelebt hatten. Auch, dass Frankfurt mit seinen gerade einmal 730.000 Einwohnern als Metropole gilt, lässt beide schmunzeln. Metropölchen trifft es in ihren Augen eher. Zum Vergleich: Istanbul hat knapp 15 Millionen Einwohner. Aber gerade diese Übersichtlichkeit schätzen sie und macht die Stadt am Main für die beiden so lebenswert – Moment! – für die drei, denn im Sommer 2016 kam ihr Sohn Ege zur Welt, ein echter Frankfurter!

„Um in Istanbul zu einem Spielplatz zu kommen, müssten wir zwei Stunden hin- und wieder zurückfahren. Hier laufen wir fünf Minuten und haben direkt zwei Spielplätze vor der Haustür, zwei wunderschöne Parks, die Nidda und den Grüngürtel", erzählt Duygu begeistert. Heimvorteil Rödelheim. Und mit der S-Bahn sind sie in 15 Minuten an der Hauptwache, mitten in der Innenstadt. Auch, dass man von keinem Ende Frankfurts länger als 40 Minuten benötigt, um ans andere zu kommen, beeindruckt die beiden. Gute Verkehrsbedingungen angenommen. Wobei, auch die sind eine Sache der Perspektive: „Ich muss immer lachen, wenn sich hier jemand über den Stau und die vielen Autos aufregt", sagt Duygu, „kommt mal nach Istanbul, dort seht ihr, was Stress im Straßenverkehr bedeutet!", empfiehlt sie.

Dass Frankfurt bei aller Beschaulichkeit so lebendig und international ist, wissen die beiden zu schätzen. Vor allem Engin kommt das sehr gelegen, denn im Gegensatz zu den Deutschkenntnissen seiner Frau ließen seine doch noch zu wünschen übrig, behauptet er und übertreibt damit ziemlich. „Doch, sie könnten besser sein!", findet er. Aber in seinem Job sei die Arbeitssprache nun mal Englisch und mit Duygu und Ege spreche er Türkisch, da komme das Deutsche zwangsweise zu kurz. Auch Duygu spricht Türkisch mit dem kleinen Sohn: „Ich möchte nicht, dass er sich falsche Ausdrucksweisen oder Grammatik angewöhnt." Ab Herbst soll sich das ändern. Dann wird er eine deutsche Krippe besuchen und Duygu will wieder einen Deutschkurs machen: „Es ist mir wichtig, die Sprache richtig zu lernen, und so lange ich in Elternzeit bin, möchte ich diese Chance nutzen, denn auch in meinem Job ist dann wieder Englisch die erste Sprache."

Sie merkt, dass es einfacher ist, mit Kind Kontakte zu knüpfen, aber richtige Freunde haben sie noch nicht so viele gefunden, eher gute Bekannte: „Das ist auch ein Unterschied zur Türkei: Die Menschen hier sind viel reservierter und es dauert länger, bis man wirklich befreundet ist. Bei uns wird der Freund, der ‚arkadaş' sehr schnell zum ‚kardeş', zum Bruder, den man auch mitten in der Nacht anrufen kann." Das fehlt den beiden manchmal. Und obwohl viele ihrer Freunde in den Niederlanden leben und Engin den Gedanken nicht ganz abwegig findet, kommt ein Umzug ins Nachbarland für Duygu nicht in Frage. „Nein, ich fühle mich hier sehr wohl und Ege ist hier zuhause. Außerdem ist man doch wirklich schnell dort!" Da ist sie wieder, die Istanbuler Sicht auf die Dinge. Und von dieser Warte aus betrachtet sind vier, fünf Stunden Autofahrt, um in ein anderes Land zu kommen, wirklich zu vernachlässigen.

REZEPT

SIGARA BÖREĞI (ZIGARRENBÖREK) VON FAMILIE GÜLLER

Zutaten:
1 Packung Yufka-Teig in Dreiecksform
(gibt's im türkischen Laden)
200 g Schafskäse
1–2 Hände voll glatte Petersilie
Salz und Pfeffer
Neutrales Öl zum Ausbacken
Küchenkrepp

Zubereitung:
Zuerst wird der Schafskäse mit den Händen in einer Schüssel zerbröselt. Dann die Petersilie klein hacken und hinzugeben. Mit Salz und Pfeffer abschmecken, aber Vorsicht: Schafskäse ist von Natur aus schon ziemlich salzig!

Dann nimmt man immer ein Yufkablatt und legt es so auf die Arbeitsplatte, dass die Spitze vom Körper weg zeigt. Ein bis zwei Teelöffel der Füllung an die breiteste Stelle des Teigdreiecks setzen. Anschließend den Teig fest von der Breitseite bis fast zur Spitze aufrollen. Die Spitze leicht mit etwas Wasser befeuchten, dann den Teig bis zum Ende aufrollen.

Wenn alle Böreks gerollt sind, reichlich Öl in einer Pfanne erhitzen und die Sigara Böreği etwa zwei bis drei Minuten ausbacken.

Dabei mehrfach wenden. Sie sind fertig, wenn sie goldbraun sind. Zum Auskühlen und Entfetten auf Küchenkrepp legen.

UND
JETZT?

STARKE KINDER
INTERVIEW MIT DR. SUSANNE FEUERBACH, DER LEITERIN DES FRANKFURTER KINDERBÜROS

Das Frankfurter Kinderbüro wurde 1991 gegründet und setzt sich seitdem nicht nur für die Frankfurter Kinder, sondern auch für deren Rechte ein. Was hat sich in den vergangenen Jahren verändert? Wo gibt es Fortschritte, wo herrscht Ihrer Meinung nach weiterhin Handlungsbedarf?
Im Kinderschutz hat sich viel getan: So ist beispielsweise das Frankfurter Kinder- und Jugendschutztelefon eine bekannte und etablierte Anlaufstelle für alle Fragen rund um das Thema Kindeswohl. Gleichwohl bleibt hier viel zu tun: Unsere Kampagne ‚Stark durch Erziehung' unterstützt Erwachsene, die Kinder erziehen. Kinder zu beteiligen, ist selbstverständlicher geworden. Das Kinderbüro schaut mittlerweile auf eine lange Tradition von Kinderanhörungen und Beteiligung von Kindern am Spielplatzbau. Kindheit verändert sich stetig, so gab es 1991 ja zum Beispiel keine Sozialen Medien, auch gingen deutlich weniger Kinder in eine Betreuung. Es entstehen immer wieder neue Themen, die uns beschäftigen.

Seit Juni dieses Jahres läuft die Kampagne „Stadt für Kinder". Was macht eine „Stadt für Kinder" aus?
Kurz gesagt: Dass alle Erwachsenen wissen, dass Kinder verbriefte Rechte haben und diese auch einhalten. Während der ‚Stadt der Kinder' gibt es in ganz Frankfurt zur gleichen Zeit verschiedenste Aktionen in Museen, Kindereinrichtungen, Bibliotheken, Schulen, auf Plätzen, in Parks für Kinder, um ihnen die Kinderrechte zu vermitteln.

Wie ist der „Ist-Zustand" in Frankfurt? Was sind die Herausforderungen, denen sich Frankfurt stellen muss?
Frankfurt ist eine sehr soziale Stadt. Kinder haben bei uns einen großen Stellenwert. Wir stehen in Frankfurt vor der schönen Herausforderung, für alle Kinder in allen Bereichen, z. B. Bildung, Gesundheit, Freizeit, Schutz, ein gutes und professionelles Angebot für Kinder vorzuhalten.

Was fehlt zum Glück, was liegt im Argen in einer Stadt für Kinder, die Frankfurt heißt?
Kinderrechte müssen noch stärker in den Fokus genommen werden und konsequent umgesetzt werden. Zugangsbarrieren müssen abgebaut werden, Armut bekämpft und Chancen gerecht verteilt werden.

Das Frankfurter Kinderbüro setzt sich für die Einhaltung der Kinderrechte ein. Wo werden diese in Frankfurt missachtet? Wie kann das Kinderbüro Kindern helfen?

DAS FRANKFURTER KINDERBÜRO
Lobby für die Kinder in Frankfurt

Erziehung ist eine echte Herausforderung. Jeder Mensch braucht hierbei manchmal Hilfe. Das Frankfurter Kinderbüro ist die Lobby für alle Kinder in unserer Stadt. Auf der Grundlage der UN-Kinderrechtskonvention kümmert sich das Kinderbüro seit 1991 als kommunale Interessenvertretung mit vielfältigen Projekten und Veranstaltungen um die Fragen, Sorgen, Anregungen und Ideen von Frankfurter Kindern und ihren Familien. Der Aufgabenbereich ist dabei so vielfältig wie das Kinderleben selbst: Überall dort, wo Interessen von Kindern berührt werden, unterstützt und informiert die Einrichtung schnell, kompetent und unbürokratisch. Es ermutigt Kinder, sich auch selbst für ihre Interessen einzusetzen. Fortbildung, Veranstaltungen und der fachliche Austausch von Multiplikatoren aus der Arbeit mit und für Kinder gehört zum Aufgabengebiet des Frankfurter Kinderbüros.

Schwerpunkte:

→ Verbesserung der Lebenslagen von Kindern
→ Allgemeine Information und (Clearing) Beratung
→ Kinderschutz und Hilfe für Kinder in Notlagen
→ Kinderrechtsprojekte

→ Kinderbeteiligung und Teilhabe von Kindern
→ Geschäftsstelle des Frankfurter Bündnis für Familien
→ Geschäftsstelle der Kinderbeauftragten
→ Erfahrungsbericht des Kinderbüros über die Lebenssituation Frankfurter Kinder

Programme/Projekte des Kinderbüros zur Umsetzung der UN-Kinderrechtskonvention:

→ Willkommenspaket
→ Familien-Info-Café und Infotelefon
→ Weltkindertagsveranstaltung
→ Kinderrechtemobil
→ SPATZ – Spielplatzaktionen

→ Weihnachtsaktion, Kindernotfonds und Förderpatenschaften
→ Fortbildung zur Gewaltprävention
→ Familienmesse und Familienkongress

Weitere Informationen auf www.frankfurter-kinderbuero.de

Kinder erfahren die größte Diskriminierung aufgrund ihres Alters, d. h. je jünger Kinder sind, umso stärker können sie diskriminiert werden. Wir setzen uns dafür ein, Erwachsene stark zu machen, damit sie Kinder wertschätzend gegenübertreten können. Wir setzen uns dafür ein, Kinder stark zu machen, damit sie ihre Rechte kennen und wissen, an wen sie sich wenden können. So können sich Kinder und Erwachsene mit ihren Fragen, Anliegen, Sorgen und Nöten immer an uns im Kinderbüro wenden.

Wie können Sie als Kinderbüro Einfluss auf kommunale Planungen nehmen – immerhin haben Sie ein unmittelbares Vortragsrecht bei allen Dezernaten?
Wir haben ein offenes Ohr für Kinder und Familien. So befragen wir regelmäßig Kinder zu wichtigen Themen. Gut vernetzt können wir damit Politik und Verwaltung wichtige Informationen geben und Impulse setzen. Die Kinderbeauftragten, das Frankfurter Bündnis für Familien und das Frankfurter Alleinerziehenden Netzwerk unterstützen hierbei unsere Anliegen sehr gut.

Was wünschen Sie sich für die Frankfurter Kinder? Haben Sie eine Vision?
Alle Kinder und Erwachsenen kennen die Kinderrechte. Alle Kinder erleben, dass sie selbst und ihre Rechte geachtet werden.

VON DER KITA BIS ZUM HORT

BETREUUNGSPLÄTZE IN FRANKFURT

Eltern gehen nur dann beruhigt ihrer Arbeit nach, wenn sie wissen, dass ihr Nachwuchs liebevoll betreut ist. Wer gibt schließlich gern das eigene Kind aus seinen Händen. In wessen Obhut können wir unsere Kinder sorgenfrei geben, welche Möglichkeiten gibt es? Die Mainmetropole verfügt über ein vielfältiges Betreuungsangebot für Kinder aller Altersgruppen.

Seit August 2013 haben Eltern einen Rechtsanspruch auf einen Betreuungs-platz in einer Kindereinrichtung bzw. in der Kindertagespflege bereits für Kin-der ab einem Jahr. In Frankfurt gibt es rund 700 Kindertageseinrichtungen, und Eltern und Erziehungsberechtigte haben die Wahl, in welcher Einrichtung sie ihr Kind anmelden. Deshalb ist es ratsam, sich vorab über und bei den un-terschiedlichen Einrichtungen zu informieren.

Egal, ob Sie nun eine Tagesmutter, eine Kita oder einen Hortplatz suchen, die Anmeldung und Vermittlung erfolgt seit 2015 einheitlich über das städtische Portal: www.kindernetfrankfurt.de! Hier finden Sie über 45.000 Betreuungsplät-ze. Übrigens ist das Verfahren einheitlich und gilt – bis auf wenige Ausnahmen – für alle Träger und Einrichtungen im gesamten Stadtgebiet! Die Infobörse „Kindertagesbetreuung" im Stadtschulamt hilft selbstverständlich gern auch persönlich weiter unter: E-Mail: kindernetfrankfurt.amt40@stadt-frankfurt.de oder Tel.: 069 21236564.

Informationen über Kitas kirchlicher und freier Träger gibt es u.a. bei: Arbeiter-wohlfahrt Kreisverband Frankfurt, BVZ Beratungs- und Verwaltungszentrum, Cari-tasverband Frankfurt, Diakonisches Werk, Jüdische Gemeinde Frankfurt, ASB Leh-rerkooperative, Sozialpädagogischer Verein zur familienergänzenden Erziehung.

Über die LandesArbeitsGemeinschaft (www.laghessen.de) lassen sich zudem Listen der Krabbelstuben, Kinderläden und Schülerläden in frei gemeinnützi-ger Trägerschaft beziehen.

ENTGELTFREIES LETZTES KINDERGARTENJAHR

Bereits im Jahr 2006 hat die Frankfurter Stadtverordnetenversammlung das entgeltfreie letzte Kindergartenjahr für die städtischen Kindertageseinrichtungen beschlossen. Seitdem ist der Besuch einer Kindertageseinrichtung für Kinder im letzten Jahr vor der Einschulung grundsätzlich kostenlos. Für Kitas unter freier Trägerschaft, die der städtischen Entgeltrege-lung angeschlossen sind, gilt im Regelfall das gleiche.

Für sogenannte Kann-Kinder (Kinder, die vor Beginn der gesetzlichen Schulpflicht einge-schult werden) wird das Elterngelt für das Jahr vor der Einschulung auf Antrag rückwir-kend erstattet. Allerdings muss der Antrag dann bis zum Ende des laufenden Kindergarten-jahres (31.07.) in der Kita, die das Kind im Jahr vor der Einschulung besucht, gestellt werden.

Für Kinder, die gemäß Paragraph 58 des Hessischen Schulgesetzes vom Schulbesuch zu-rückgestellt sind, wird für den Zeitraum der Zurückstellung kein Elterngelt erhoben. Die Zurückstellung ist der Kindertageseinrichtung durch Vorlage des entsprechenden Schrei-bens der Schulleitung zu belegen. Weitere Infos unter: www.frankfurt.de

KURZFRISTIGE NOTBETREUUNG

Der Kindergarten geschlossen, die Tagesmutter krank und die Großeltern unterwegs – der Terminkalender ist ausgerechnet an diesem Tag voll und es ist niemand verfügbar, auf den man sich verlassen kann. Auch in solchen Fällen gibt es Hilfe. Etwa über die „Elbi-Strolche" im **Mehrgenerationenhaus** im Gallus (Idsteiner Str. 91, Tel.: 0151 58951555, www.elbi-strolche.de), beim **PME Familienservice** (Tel.: 069 9202080, www.familienservice.de) oder beim **Notmütterdienst e. V.** (Tel.: 069 9510330, www.notmuetterdienst.de).

BABYSITTER

Einen Kinofilm genießen, Essen gehen, eine Feier mit Freunden – manchmal benötigen Eltern jemanden, der den Nachwuchs für wenige Stunden zuverlässig betreut. Babysitter sind in solchen Fällen eine große Hilfe, sie kümmern sich um den Nachwuchs und bringen ihn gegebenenfalls ins Bett. Neben Annoncen in Zeitungen und an schwarzen Brettern wird man auf der Suche nach geeigneten Betreuungspersonen beim **Verein Babysitter- und Tagespflegevermittlung e. V.** (Zeil 29 – 31, Tel.: 069 559405, www.btv-frankfurt.de) fündig.

OMA-OPA-VERMITTLUNG

Eine naheliegende Alternative zu Babysittern oder Tagesmüttern sind für viele die Großeltern. Der Nachwuchs fühlt sich bei Oma und Opa meist pudelwohl und die Großeltern selbst sind glücklich, Zeit mit den Enkeln zu verbringen. Leben die Großeltern jedoch nicht in der Nähe, können Eltern versuchen, eine Wunschoma oder einen Wunschopa zu finden. Das **Familienzentrum Monikahaus** (Kriegkstr. 32–36, Tel.: 069 9738230, www.skf-frankfurt.de) bietet eine Oma-Opa-Vermittlung und möchte damit eine Brücke zwischen Senioren und jungen Familien bauen.

WIE HEISST DU?
Charlotte

WIE ALT BIST DU?
7 Jahre

IN WELCHEM STADTTEIL WOHNST DU?
Bornheim

WAS IST DEIN LIEBLINGSPLATZ IN FRANKFURT?
Abenteuerspielplatz am Günthersburgpark

WAS IST DEIN LIEBLINGSSPIELZEUG?
Meine Schleich-Tiere

WAS IST DEIN LIEBLINGSGERICHT?
Pfannkuchen mit Apfelmus/Zimt und Zucker

WAS IST TOLL IN/AN FRANKFURT?
Spielplätze, meine Freunde wohnen alle in der Nähe

WAS FINDEST DU BLÖD IN/AN FRANKFURT?
Dass es kein Meer zum Schwimmen gibt, dass so viele Menschen rauchen

FRÜHLING: FRUCHTIGES ERDBEERSORBET

Jipppieh, endlich gibt es wieder Erdbeeren, diese fruchtigen roten gute-Laune-Bomben. Am liebsten naschen wir sie pur und direkt vom Feld. Und wenn ihr dann irgendwann mal euren ersten Erdbeerhunger gestillt habt, solltet ihr unbedingt mal unser Rezept für Erdbeersorbet probieren. Der coole Wahnsinn, versprochen!

Zutaten:
900 g frische, reife Erdbeeren
225 g Puderzucker
250 ml kaltes Wasser oder Apfelsaft
Saft einer Zitrone

Und so wird's gemacht:
1.) Zuerst wäschst du die Erdbeeren und lässt sie gut abtropfen. Dann entfernst du die Blütenstiele und -blätter vorsichtig mit einem Kneipchen (frankfurterisch für kleines Küchenmesser) und viertelst sie.

2.) Püriere nun die Erdbeerstückchen in der Küchenmaschine oder mit einem Pürierstab.

3.) Gib den Puderzucker und Wasser/Apfelsaft in einen Topf und bringe die Mischung langsam zum Kochen. Lass das Ganze bei geringer Hitze etwa zwei Minuten köcheln. Anschließend nimmst du den Topf vom Herd, rührst den Zitronensaft unter und lässt den so entstandenen Sirup vollständig abkühlen.

4.) Nun vermischst du das Erdbeerpüree mit dem Zuckersirup und füllst die Masse in eine flache Schale um. Decke diese mit Frischhaltefolie ab und stelle sie für mindestens vier Stunden ins Gefrierfach.

5.) Alle 30 Minuten solltest du die Erdbeermasse mit einer Gabel oder einem Schneebesen umrühren, damit das Sorbet am Ende seine typische Konsistenz erhält.

FRÜHLING: KÜKEN AUS TANNENZAPFEN

Osterhasen sind süß, keine Frage. Aber unsere Küken aus Tannenzapfen brauchen sich auch nicht zu verstecken. Und das Beste: Die können auch den ganzen Frühling über als Deko bleiben, das ist bei den Häschen schon anders. Also: Ab nach draußen und Zapfen sammeln! Kiefernzapfen, die sich besonders gut für unsere Küken eignen, findet ihr übrigens bis Ende März.

Das brauchst du:
Kiefernzapfen (im Park sammeln)
Gelbe Acrylfarbe
Orangefarbenes Buntpapier
Pinsel
Wattekugeln (ca. 3–4 cm Durchmesser)
Wackelaugen
Gelbe Federn
Heißklebepistole

Und so wird's gemacht:
1.) Zuerst bemalst du die Zapfen und die Wattekugeln mit der gelben Acrylfarbe und lässt sie mindestens 4 Stunden trocknen.

2.) Klebe nun die bemalte Wattekugel mit der Heißklebepistole auf das spitze Ende des Zapfens. Evtl. musst du die Zapfenspitze vorher etwas mit einer Schere kürzen, damit die Kugel besser hält. Lass alles etwa 30 Minuten trocknen.

3.) Schneide aus dem Buntpapier Füße und Schnäbel aus.

4.) Klebe die Wackelaugen und den Schnabel auf den Kopf und die Füße unten an den Zapfen, die Federn klebst du seitlich als Flügel auf – fertig!

WIESO?
WESHALB?
WARUM?

KINDER, STADT UND ARCHITEKTUR

INTERVIEW MIT CHRISTINA BUDDE, KURATORIN ARCHITEK- TURVERMITTLUNG DEUTSCHES ARCHITEKTURMUSEUM (DAM)

Warum sollten sich schon Kinder mit Stadt und Architektur auseinandersetzen?
Kinder sind passionierte Baumeister – egal, ob Junge oder Mädchen, sie bauen Hütten aus Hölzchen und Stöckchen, Höhlen aus Decken und Kissen, Burgen aus Sand, dazwischen auch schon mal ein Luftschloss. Die Reggio-Pädagogik, die großen Einfluss auf die Vorschulerziehung hat, macht das Bauen zur kindlichen Universalsprache. Frei Otto, der Architekt des Münchener Olympiastadions spricht von einem Bau-Gen.

Wie nehmen Kinder Architektur/Stadt wahr, inwiefern unterscheiden sie sich dabei von Erwachsenen?
Die Großstadt ist durch Funktionalisierung der jeweiligen „Räume" gekennzeichnet, dominiert von Handels-, Dienstleistungs- und Verkehrsfunktionen. Auch die Menschen, die sich in der Stadt bewegen, tun das entlang bestimmter Zuordnungen – sie wohnen, arbeiten, kaufen ein, sind Verkehrsteilnehmer etc. Kinder sind ebenso Nutzer und Nutzerinnen des urbanen Raums, auch wenn sie zunächst auf ihr unmittelbares Wohnumfeld, den Stadtteil, in dem sie wohnen, zur Kita, zur Schule gehen, beschränkt sind. Mit zunehmendem Alter erweitern sie naturgemäß ihren Radius und erobern neue Räume – Prozesse, die in einem komplexen Stadtgefüge mit verdichtetem Autoverkehr immer mehr erschwert werden. Kinder nicht nur als künftige „funktionale" Stadtbewohner/innen zu sehen, sondern als Gruppe mit ganz eigenen Interessen, Wünschen und Rechten, ist Herausforderung für jede Stadtplanung und darf sich nicht in der Anzahl von genormten Spielplätzen erschöpfen. Wichtig ist es, Orte vorzuhalten, deren Funktion eben nicht vorgegeben ist, sondern Kindern im wahrsten Sinne des Wortes Freiräume lässt, eigene „Raumdefinitionen" vorzunehmen. So wie die jugendliche Skater-Szene etwa öffentliche Plätze einfach umnutzt.

Was erwarten Kinder von einer Stadt, welche Bedürfnisse von Kindern gilt es beim Städtebau zu beachten? Welche Rolle spielen diese und wie kann man Kinderinteressen in die Stadtplanung integrieren?
Die menschliche Stadt lässt sich daran messen, wie sie mit einer ihrer „schwächsten" Gruppen umgeht, welche Infrastruktur und Zugangsmöglichkeiten sie bereithält. Kinderbüros etwa, die derzeit schon als Interessenvertreter der Kinder fungieren und Beteiligung und Partizipation mit Kindern organisieren, sollten möglicherweise eine größere Rolle spielen. Wie man seine Interessen formuliert und einbringt, sollte schon in der Grundschule geübt werden. Und die Planer andererseits müssten viel stärker als bisher Nutzerinteressen berücksichtigen, das fängt bei den Erwachsenen an und hört bei den Kindern noch lange nicht auf.

Das Angebot der Museen für Kinder scheint im Vergleich zu früheren Zeiten größer geworden zu sein, woran liegt dies?
Auch wenn Museen nach wie vor bürgerliche Institutionen sind, so gibt es doch seit den 1970er Jahren Entwicklungen, den „Musentempel" zu entstauben und über „Kultur für alle" (Hilmar Hoffmann) Besucherorientierung großzuschreiben und das offene Museum in den Mittelpunkt zu stellen. Museen nehmen also ihren Bildungsauftrag wahr und haben breitgefächerte pädagogische Programme für Kinder und Jugendliche entwickelt.

Wie kann man Kindern Architektur vermitteln? Was müssen Sie dabei beachten, wenn Kindern Architektur nähergebracht wird?
Das DAM bietet Kindern ein Forum und ein Experimentierfeld, auf dem sie ihr „Bau-Gen" austoben können, mit Anleitung auf Augenhöhe und viel Freiraum.

Welchen Stellenwert haben Kinder für das Architekturmuseum?
Kinder spielen eine sehr große Rolle im DAM; inzwischen machen die jungen Besucher/innen fast 20% der Gesamtbesucherzahl aus.

Was bietet das Architekturmuseum für Kinder an?
In der Bauwerkstatt am Wochenende, der Bauakademie in den Oster- oder Herbstferien schlüpfen Kinder in die Rolle von Baumeistern, Konstrukteuren und Stadtplanern. Das Auditorium des DAM wird kurzerhand in eine Werkstatt verwandelt, in der Traumhäuser, Megabrücken und Zukunftsstädte mit Hilfe von Schere, Fuchsschwanz und Heißklebepistole entstehen. In den Sommer- und Weihnachtsferien füllt die traditionelle „LegoBaustelle" das Auditorium mit Tausenden von Legosteinen und bietet Kindern (auch Erwachsenen!) jede Möglichkeit ihren Baufantasien freien Lauf zu lassen. In wechselnden Themenwettbewerben werden die besten Bauwerke prämiert. Wer Architektur verstehen will, muss in Gebäuden lesen lernen wie in einem Buch. Einen Einstieg bietet die Dauerausstellung „Von der Urhütte zum Wolkenkratzer", eine Zeitreise von der Steinzeit bis in die Gegenwart. Ganz egal, ob auf Spurensuche im Stadtraum, in der Bauakademie oder auf der LegoBaustelle – immer geht es darum die Welt vor der Haustür zu entdecken, die Wahrnehmung zu trainieren und die Sprache der Architektur zu verstehen.

Peter Cachola Schmal,
Direktor Deutsches Architekturmuseum (DAM):
Ich würde gern mit einem Zitat von einer ehemaligen Frankfurter Grundschuldirektorin antworten: Es ist unstrittig, dass Kinder von guten Lehrerinnen und Lehrern profitieren. Aber auch die beste und engagierteste Lehrperson kann nicht Experte in allen Bereichen sein. Sicher, Kinder benötigen die Basics, die kleinen Schritte, sie müssen üben, wiederholen, behalten. Aber sie brauchen auch immer wieder Highlights aus der Natur, den Künsten, den Wissenschaften. Kinder müssen Menschen begegnen, die solches Spezialwissen und Spezialkönnen erworben haben, die es zeigen, machen, erklären, die ihnen also ein Fenster zu einem der vielen Wunder der Welt öffnen. Das DAM ist definitiv eines dieser Fenster.

Bürgerhospital Frankfurt: Hessens geburtenstärkste Klinik

Rund 3.300 Babys kommen im Bürgerhospital jährlich auf die Welt. Das Team der Geburtsstation – Hebammen, Kinderkrankenschwestern und Ärzte – steht den Müttern dabei mit großer Fachkompetenz und viel menschlicher Wärme zur Seite. Zusammen mit der Klinik für Neonatologie, die sich um Früh- und kranke Neugeborene kümmert, sowie der Neugeborenen- und Kinderchirurgie und dem Clementine Kinderhospital sorgt die Geburtshilfe dafür, dass Mutter und Kind von der Schwangerschaft bis in die Zeit nach der Geburt bestmöglich versorgt sind.

Das Bürgerhospital ist als zertifiziertes Perinatalzentrum Level I (höchste Versorgungsstufe) für die Versorgung von Risikoschwangerschaften anerkannt.

Informationsabende für werdende Eltern:
jeden 2. und 4. Dienstag im Monat um 19.00 Uhr. Anmeldung nicht erforderlich.

Informationsabend Schmerzlinderung während der Geburt:
In der Regel jeden 1. Mittwoch im Monat um 18 Uhr. Anmeldung nicht erforderlich.

Bürgerhospital Frankfurt
Schwangeren-Ambulanz
Nibelungenallee 37 - 41
60318 Frankfurt am Main
Telefon (069) 1500-853
www.buergerhospital-ffm.de

Bürgerhospital
Frankfurt am Main

FRÜHFÖRDERUNG

Babykurse

In vielen Sportvereinen, etwa der **TG Born-heim** (www.tgbornheim.de) oder der **FTG Frankfurt** (www.ftg-frankfurt.de) gibt es spezielle Kurse für Babys und Kleinkinder. Sie reichen von Pekip- und Fabelkursen, Krabbelgruppen, Eltern-Kind-Turnen bis hin zum Babysingen. Ein ähnliches Angebot findet man auch bei der **Katholischen Familien-bildung** (www.fbs-frankfurt.bistumlimburg. de), der **Evangelischen Familienbildung** (www.familienbildung-ffm.de), dem **Familien GesundheitsZentrum** (www.fgzn.de), dem **Geburtshaus Frankfurt** (www.geburtshaus-frankfurt.de) oder dem Zentrum Familie im **Haus der Volksarbeit** (www.hdv-ffm.de). Darüber hinaus gibt es noch zahlreiche private Anbieter wie beispielsweise das **grüne Haus** (www.dasgruenehaus.de) oder **Per Baby Mobile** (www.perbabymobile.de), eine Einrichtung, die im Sommer 2000 von Inken Schweigert gegründet wurde als erstes und einziges Spiel- und Bewegungszentrum für Babys und Kleinkinder.

NEUE BILDUNGSPLATTFORM FÜR SCHÜLER

Der neue „Wegweiser Bildungsangebote für Schulen" des Frankfurter Kinderbüros gibt einen Überblick über die vielseitigen außerschulischen Möglichkeiten, Kultur und Bildung in Frankfurt zu erleben. Aktuell stehen etwa 360 Angebote zur Verfügung. Sie reichen von stadtgeschichtlichen Führungen für Schüler, Workshops zur Gewaltprävention bis zu Erlebnistagen im Grünen oder geben Antworten auf Fragen wie „Wie verhalte ich mich im Straßenverkehr richtig?".

Unter dem Link www.frankfurt.de/bildungsangebote lassen sich alle Angebote einfach aufrufen. Dabei gibt es sechs Auswahlkriterien: Art des Angebots, Klassenstufe, Veranstaltungsort, Kosten, Zielgruppe sowie das Themenfeld. Jedes ausgewählte Bildungsangebot beinhaltet den direkten Link zum Programm, unter dem alle Details auf einen Blick zu sehen sind.

WIE HEISST DU?
Vincent

WIE ALT BIST DU?
Bald 6

IN WELCHEM STADTTEIL WOHNST DU?
Praunheim

WAS IST DEIN LIEBLINGSPLATZ IN FRANKFURT?
Eisenbahnerspielplatz

WAS IST DEIN LIEBLINGSSPIELZEUG?
Dinosaurier

WAS IST DEIN LIEBLINGSGERICHT?
Spaghetti

WAS IST TOLL IN/AN FRANKFURT?
Das Halligalli, Dippemess, Weihnachtsmarkt

WAS FINDEST DU BLÖD IN/AN FRANKFURT?
Zu viele Spielplätze, die nur für ganz kleine Kinder schön sind – „Babyspielplätze"

WIE HEISST DU?
Zoe

WIE ALT BIST DU?
8 Jahre alt

IN WELCHEM STADTTEIL WOHNST DU?
Bergen-Enkheim

WAS IST DEIN LIEBLINGSPLATZ IN FRANKFURT?
Das Riedbad

WAS IST DEIN LIEBLINGSSPIELZEUG?
Das Trampolin in unserem Garten

WAS IST DEIN LIEBLINGSGERICHT?
Spaghetti Bolognese

WAS IST TOLL IN/AN FRANKFURT?
Dass die Schule ganz nah ist

WAS FINDEST DU BLÖD IN/AN FRANKFURT?
Dass man lange fahren muss, bis man in der Stadt ist

TANZ UND MUSIK

Ballett im Hof
Westerbachstr. 50, Tel.: 069 307368,
www.ballett-im-hof.de
Hier wird frühtänzerischer Unterricht ab 4 Jahren angeboten, die daran anschließenden Ballettkurse richten sich an alle Altersstufen und orientieren sich an der Methode „Agrippina Waganowa". Regelmäßig finden Aufführungen statt, in denen das Erlernte präsentiert wird. Für Kinder ab 7 Jahren gibt es das Angebot „Modern und zeitgenössischer Tanz".

Ballettschule Frankfurt
Leipziger Str. 56 (Hinterhaus),
Tel.: 06101 8020510 , 0176 30503635,
www.ballett-schule-frankfurt.de
Die Ballettschule Frankfurt bietet Kindern ab 3 Jahren professionelles Tanztraining durch qualifizierte und erfahrene Lehrer. Dabei wird der russisch-akademische Stil nach der Methode von A. J. Waganowa unterrichtet. Der methodisch aufgebaute Unterricht bietet ein stetiges technisches Wachstum in der Tanz-Ausbildung bis zur Professionellen Reife. Darüber hinaus gibt es mit Latein- und Standardtänzen ein ganz besonderes Programm für Kinder und Erwachsene.

Ballett- und Tanzschule Anastasia Dirksen
Ohmstr. 44, Tel.: 069 15619767,
www.ballett-und-tanzschule-anastasia.com
Beim „Kindertanz" wird in spielerischer Form Koordination, Musikalität, Kreativität, Kraft und Disziplin entwickelt. Das Programm unterscheidet sich je nach Alter, gesammelter Bewegungs- und Tanzerfahrung und individueller Entwicklung des einzelnen Schülers. Das „Pre-Ballett" vermittelt die Grundlagen des klassischen Balletts.

Die Tanzschule Carsten Weber
Bolongarostr. 113, Tel.: 069 302976,
www.die-tanzschule.de
Der Philosophie folgend „locker in Bewegung kommen" wird in der Tanzschule Carsten Weber Tanzen ohne Stress und mit viel Spaß vermittelt. Neben diverser Kurse und kreativem Kindertanz ab 3 Jahren gibt es auch die Möglichkeit, sich modernen Tanzstilen zu widmen

und deren Bewegungen, Schrittkombinationen und Choreografien zu erlernen.

Dr. Hoch's Konservatorium

Sonnemannstr. 16, Tel.: 069 21244822,
www.dr-hochs.de
Hier widmet man sich schwerpunktmäßig dem begabten musikalischen Nachwuchs und der Talentsichtung und Talentausbildung. Die parallele Förderung der Kinder durch Instrumentalunterricht, Ballettunterricht oder Musiktheorie ist nicht nur möglich, sondern auch erwünscht.

Frankfurter Bürgerstiftung

Justinianstr. 5, Tel.: 069 557791,
www.frankfurter-buergerstiftung.de
Der Kinderchor der Frankfurter Bürgerstiftung hat zwei Ensembles: den Vorschulchor und den Grundschulchor. Die etwa 60 Kinder treffen sich einmal in der Woche. Regelmäßig gibt es Auftritte und eigene Konzerte.

Klangräume Rödelheim

www.klangraeume-roedelheim.de
Die „Klangräume Rödelheim" sind ein freier Zusammenschluss von qualifizierten Musiklehrern im Stadtteil. Jeder hat ein eigenes Unterrichtsprofil und eigene Unterrichtsräume, gleichzeitig nutzt man die Synergien für gemeinsame Projekte wie Konzerte und für das Zusammenspiel mit verschiedenen Instrumenten.

Music Academy Frankfurt

Poststr. 2–4, Tel.: 069 23805811,
www.music-academy.com
Die Einrichtung hat in Deutschland 18 Filialen und bietet modernsten Musikunterricht und Ausbildung für Kinder ab 2 Jahren. Erlernt werden können alle gängigen Instrumente der Rock-, Jazz- und Popmusik sowie Gesang. Der „normale" Unterricht ist eine Kombination aus Einzel- und Gruppenunterricht.

Musikschule Frankfurt am Main e. V.

Saalgasse 20 (Schirn), Tel.: 069 21239855,
www.musikschule-frankfurt.de
Durch das durchgängige Angebot vom frühen Kindesalter bis in die Schulzeit können viele Kinder zu Beginn des Instrumentalunterrichts bereits auf eine musikalische Vorbildung und Erfahrung zurückblicken, in der ein Grundstein für Musikalität gelegt

WIE HEISST DU?
Emre

WIE ALT BIST DU?
12

IN WELCHEM STADTTEIL WOHNST DU?
Westend

WAS IST DEIN LIEBLINGSPLATZ IN FRANKFURT?
Blau-Gelb

WAS IST DEIN LIEBLINGSSPIELZEUG?
PS4

WAS IST DEIN LIEBLINGSGERICHT?
Döner

WAS IST TOLL IN/AN FRANKFURT?
Die Fußballplätze

WAS FINDEST DU BLÖD IN/AN FRANKFURT?
Wie die das mit den Schulen organisieren

werden konnte. Unterrichtet wird bis ins hohe Erwachsenenalter.

Musikschule Vierklang
Saalburgstr. 17, 069 26919204, www.musikschule-vierklang.de
Hier lernen die Schüler entlang eines „roten Fadens": Angefangen bei der Musikalischen Früherziehung über das Instrumentenka-russell, schließt der Unterricht in den Einzel- oder Gruppenunterricht an, um weiterfüh-rend im Ensemble-Unterricht ein Repertoire für Konzerte zu erarbeiten. Außerdem im Angebot: Theorie- und Praxiskurse.

StageCoach Frankfurt-Ost
Unterrichtort: Berufsfachschule für Musical & Schauspiel, Hanauer Landstr. 48 a, Tel.: 069 40153326, www.stagecoach.de/frankfurtost
Die weltweit größte Freizeit-Theaterschule für Kinder und Jugendliche besteht seit über 25 Jahren. Schon Vierjährige erhalten hier Musik-, Tanz- und Schauspielunterricht. Dabei

erlangen sie Fähigkeiten, die ihnen auch spä-ter in der Schule und im Alltag nützlich sind.

TanzCentrum Bäppler-Wolf
Friedberger Landstr. 296, Tel.: 069 593701, www.tanzcentrum-baeppler-wolf.de
Ob Kindertanz, Ballett für Kinder, Teendance oder Steptanz – das Angebot richtet sich an kleine Tänzer ab 3 Jahren und möchte deren natürliche Lust an der Bewegung fördern. Spiel und Spaß steht im Vordergrund, gleich-zeitig werden Haltung, Motorik, Fantasie, Musikalität und Rhythmik geschult.

Tanzstudio Constanza
Pfingstweidstr. 4, Tel.: 0174 4602786 www.tanzstudio-constanza.de
Seit März 2011 bietet Constanza Pelechá Vela in ihrem Tanzstudio in unmittelbarer Nähe des Zoos Tanzunterricht für Kinder und Erwachsene. Anfänger bis Fortgeschrittene entdecken hier ihre Leidenschaft in Modern, Ballett, Yoga, Improvisation, Jazz für Teens, Kinderballett und kreativem Kindertanz.

SPRACHSCHULEN

Berlitz Kids and Teens
Kaiserstr. 6, Tel.: 069 2992470,
www.berlitz.de/de/frankfurt
Ob Vorbereitung auf eine Sprachprüfung, Schüleraustausch, anstehender Auslandsaufenthalt der Familie oder einfach ein persönliches Sprachinteresse im eigenen Umfeld, die speziellen Kurse funktionieren immer nach der bewährten „Berlitz Methode".

English for Kids
Wittelsbacherallee 83, Tel.: 069 20172977,
www.englishforkids-frankfurt.de
Das Konzept wurde extra für das Kindergarten- und Grundschulalter entwickelt. Der Unterricht ist abwechslungsreich und bietet Rate- und Rollenspiele, Lieder, Reime, Dialoge und Märchen. Es wird gemalt und gebastelt, und die Kinder lernen ohne Druck und Zwang.

Helen Doron
Walter-Kolb-Str. 16 a, Tel.: 069 36707376,
www.helendoron.de
Spiele, Reime, Musik und Bewegung werden mit unterschiedlichen Lerninhalten kombiniert, damit Kinder ab drei Jahren englische Wörter mit allen Sinnen erleben und eine positive Einstellung zur englischen Sprache entwickeln können. Denn: Lernen macht Spaß!

Lovely Lingo
Glauburgstr. 36, Tel.: 069 13390025,
www.lovely-lingo.de
Die Kinder- und Aufbaukurse richten sich an vier- bis 10-Jährige. Es gibt altersgerechte Lehrmaterialien, doch der Schwerpunkt liegt auf dem Verstehen und freien Sprechen. Ob Englisch, Italienisch, Spanisch oder Deutsch – der Unterricht ist immer abwechslungsreich und voller neuer Impulse.

Sprachschule Aktiv
Eschersheimer Landstr. 36,
Tel.: 069 90500523,
www.sprachschule-aktiv.de/frankfurt
Hier werden Sprachkurse für Kinder und Jugendliche (ab 6 bis 20 Jahren) als Gruppen-

WIE HEISST DU?
Oskar

WIE ALT BIST DU?
Ich bin 5 Jahre alt

IN WELCHEM STADTTEIL WOHNST DU?
In Unterliederbach

WAS IST DEIN LIEBLINGSPLATZ IN FRANKFURT?
Der Opelzoo und das Senckenbergmuseum

WAS IST DEIN LIEBLINGSSPIELZEUG?
Mein Lego, meine Schleichtiere und mein Fahrrad

WAS IST DEIN LIEBLINGSGERICHT?
Salamipizza

WAS IST TOLL IN/AN FRANKFURT?
Dass es zwei Zoos ganz in der Nähe gibt

WAS FINDEST DU BLÖD IN/AN FRANKFURT?
Dass es Wildschweine in der Schwanheimer Düne gibt. Ich mag keine Wildschweine

kurse (max. 5 Kinder) in Englisch, Spanisch, Französisch, Italienisch, Portugiesisch, Russisch, Polnisch, Chinesisch und Japanisch angeboten.

Sprachcaffe Sprachschule
**Gartenstr. 6, Tel.: 069 61091234,
www.sprachcaffe-frankfurt.com**
Hier können bereits Kinder ab sieben Jahren Fremdsprachen erlernen. Je jünger Kinder sind, desto leichter erlernen sie eine Sprache. Außerdem im Angebot: Die „außerschulische Lernunterstützung" als Einzelunterricht, um die Fremdsprachenkenntnisse für den Schulunterricht zu verbessern.

NACHHILFE

Capito Nachhilfe
**Rohrbachstr. 29, Tel.: 069 36607700,
www.capito-nachhilfe.de**
Gruppen- oder Einzelunterricht – das private Nachhilfe-Institut Capito begleitet seit über zehn Jahren Schüler aller Altersklassen und Schulrichtungen und holt die Schüler dort ab, wo sie sich gerade befinden. Das Ferienangebot bietet die Möglichkeit, Vergangenes aufzuarbeiten oder sich auf Kommendes vorzubereiten.

Internationales Kinderhaus
**Wiesenhüttenstr. 15, Tel.: 069 121715,
www.frankfurt.de**
Seit 1986 kümmert sich die Einrichtung um die Belange von Kindern und Teenies zwischen sechs und 15 Jahren. Das Angebot ist vielseitig und umfasst etwa ein kostenfreies Mittagessen, Hausaufgabenhilfe und diverse Gestaltungsprojekte. Leitgedanken sind u.a. Gleichberechtigung, Partizipation und interkultureller Austausch.

Nachhilfe.org
**Tel.: 0211 20033733, www.nachhilfe.org,
E-Mail: info@nachhilfe.org**
Die Online-Plattform vermittelt auch in Frankfurt Studierende, die die nachgefragten Nachhilfefächer (oder je nach Bedarf) üblicherweise zuhause bei den Schülern unterrichten. Optimale Lern-Fortschritte werden durch individuelle Einzel-Nachhilfe erreicht.

WIE HEISST DU?
Mia

WIE ALT BIST DU?
8 Jahre alt

IN WELCHEM STADTTEIL WOHNST DU?
Berkersheim

WAS IST DEIN LIEBLINGSSPIELZEUG?
Lego Friends

WAS IST DEIN LIEBLINGSGERICHT?
Nudeln

WAS IST TOLL IN/AN FRANKFURT?
Bei uns in der Nähe ist es meistens sehr ruhig und es gibt Pferde

WAS FINDEST DU BLÖD IN/AN FRANKFURT?
Die meisten meiner Freunde wohnen leider nicht in der Nähe

Schulfit – Zentrum für Unterrichts-Nachbetreuung

Dottenfeldstr. 16, Tel.: 069 59790597,
www.schulfit.net

Das private Nachhilfe-Institut wurde vor über zehn Jahren gegründet und besteht aus einem jungen, kompetenten Team von Lehrkräften mit erstem oder zweitem Staatsexamen und Lehramtsstudierenden höherer Semester. Außer bestem Fachwissen verfügen sie über ein hohes Maß an Einfühlungsvermögen und Geduld.

Schülerhilfe Bockenheim

Leipziger Str. 47, Tel.: 069 874079479,
www.schuelerhilfe.de

Das Angebot besteht seit 1974. Ob kontinuierliche Nachhilfe, Coaching, Prüfungsvorbereitung oder Nachhilfe-Ferienkurse – die individuelle Förderung steht stets im Vordergrund. Laut Angabe verbessern sich 84 % der Schüler innerhalb von 6 Monaten um mindestens eine Note. Beeindruckend.

Studienkreis – Die Nachhilfe (Frankfurt-Mitte)

Eschersheimer Landstr. 94, Tel.: 069 557370,
www.studienkreis.de

Mathe ist nach wie vor das Nachhilfe-Fach Nummer 1, aber auch Deutsch, die Fremdsprachen oder die sogenannten Nebenfächer bereiten manchmal Probleme. Entsprechend findet man hier Unterstützung in allen gängigen Unterrichtsfächern für alle Klassenstufen und Schultypen.

WIE HEISST DU?
Mark

WIE ALT BIST DU?
12

IN WELCHEM STADTTEIL WOHNST DU?
Eschersheim

WAS IST DEIN LIEBLINGSPLATZ IN FRANKFURT?
Mein Garten

WAS IST DEIN LIEBLINGSSPIELZEUG?
Fußball und die Wii

WAS IST DEIN LIEBLINGSGERICHT?
Pizza

WAS IST TOLL IN/AN FRANKFURT?
Die Skyline

WAS FINDEST DU BLÖD IN/AN FRANKFURT?
Nichts

GROSS
UND
STARK

KINDER BRAUCHEN FREIRÄUME

INTERVIEW MIT JOHN LEICHER, DEM LANGJÄHRIGEN LEITER DES ABENTEUERSPIELPLATZES RIEDERWALD

Wie hat sich Frankfurt in den vergangenen Jahrzehnten verändert? Ist es eine Stadt für Kinder?
Das kann ich so pauschal nicht beantworten. Ich bin im Riederwald geboren und aufgewachsen und lebe bis heute hier. Wenn ich nicht dringend etwas brauche, treibt mich nichts wirklich in die Innenstadt. Aber ich sehe, wie schnelllebig alles ist und wie schnell sich Frankfurt verändert. Nicht immer zum Guten, schon gar nicht für Kinder, weil für sie die Rückzugsorte verschwinden oder ganz fehlen. Wo, bitte sehr, können sich Kinder denn noch so richtig frei entfalten? Meiner Meinung bräuchte jeder Stadtteil so etwas wie den Abenteuerspielplatz Riederwald. Das ist hier ein bisschen wie ein Reservat: ein begrenzter, beschützter Raum, in dem sich die Kinder unter lockerer Aufsicht selbst ausprobieren und austoben können.

Inwiefern hat sich der Familienalltag Ihrer Beobachtung nach verändert?
Viele Eltern stehen wahnsinnig unter Druck. Und auch die Kinder sind nicht mehr so frei wie sie es einmal waren. Hinzu kommt, dass Schule – zumal, wenn es eine Ganztagsschule ist – einen enormen Raum im Kinderalltag einnimmt. Da bleibt fast keine Zeit für außerschulische Aktivitäten, und auch die Erwachsenen sind quasi omnipräsent, selten sind Kinder tatsächlich nur unter sich. Ich beobachte auch, dass die Mobilität vieler Kinder abgenommen hat, dass sie permanent mit dem Elterntaxi durch die Gegend kutschiert werden. Das beschränkt ihre individuelle Freiheit ebenfalls. Umso wichtiger ist es, ihnen etwas zuzutrauen. Klar, Eltern sind immer im Zwiespalt: Einerseits haben sie den natürlichen Beschützerinstinkt, andererseits sollten sie ihren Kindern so viele eigene Erfahrungen wie möglich gewähren. Das ist eine ziemliche Herausforderung in diesen komischen Zeiten der Angst, in denen wir ja doch irgendwie gerade leben. Hinzu kommt, dass in vielen Familien nicht die Kinder, sondern das Geld oder der Job im Vordergrund stehen. Sicher, ohne Kohle ist alles schwierig. Aber eigentlich ist doch die Familie das Wichtigste.

Welche Bedürfnisse haben Kinder heute?
Eigentlich ist das heute gar nicht so viel anders als früher, die Bedürfnisse sind im Großen und Ganzen gleichgeblieben. Selbst in Zeiten von Computerspielen, neuen Medien und Handys ist es für die Kinder das Tollste, eine eigene Hütte zu zimmern, zu klettern, Feuer zu machen, etwas in der Natur zu erleben, sich zu bewegen. Gleichzeitig üben die digitalen Medien über viele Kinder eine ungeheure Macht aus. Natürlich ist das Internet reizvoll und spannend. Gleichzeitig bietet es aber auch viel zu viele Informationen, die sie allein und ungefiltert gar

nicht verarbeiten können. Bei uns müssen viele Kinder erstmal lernen, das Handy zur Seite zu legen, denn das Ding behindert hier ja nur. Statt zu toben oder zu bauen muss man dauernd darauf aufpassen. Das ist doch blöd.

Stichwort „Helikoptereltern", nehmen Sie diese wahr?
Ja, die gibt es und das Phänomen hat nichts mit Klassen, Schichten oder Nationalitäten zu tun. Es gibt sie überall, genauso wie es überall Kinder gibt, die komplett auf sich allein gestellt sind, weil die Eltern keine Zeit und/oder Lust haben, sich um sie zu kümmern. Bei den Helikoptereltern ist das Problem, dass sie aus lauter Angst, dass den Kindern etwas passieren könnte, ihnen gar nichts mehr zutrauen. Wenn solche Eltern dann sehen, was Kinder hier bei uns alles dürfen, was wir ihnen zutrauen und zumuten und was die Kinder im Umkehrschluss alles können, sind sie erstmal regelrecht geschockt.

In den Schulen wird heute häufig die Unselbstständigkeit vieler Kinder bemängelt, Kinderärzte verschreiben Medikamente gegen angebliche Verhaltensauffälligkeiten oder Aufmerksamkeitsdefizitstörungen. Wie sehen Sie das?
Wir hatten hier auch mal so einen Jungen, der angeblich an ADHS litt und mit Medikamenten ruhiggestellt werden sollte. Das war ein ganz normales Kind mit einem gesunden Bewegungsdrang, den er anderswo bloß nicht ausleben konnte. Bei uns hatte er diesen Freiraum. Neben allen Freiheiten gibt's auf den Abenteuerspielplätzen aber auch klare Regeln und Strukturen, etwa dass die, die hier kochen, dann auch die Küche aufräumen. Solche Ansagen fehlen heute ebenfalls vielen Kindern. Doch sie akzeptieren sie und halten sich auch daran, weil sie merken, dass sie das Miteinander ungemein erleichtern.

Was wünschen Sie den Kindern von heute, damit sie groß und stark werden?
Ich wünsche mir, dass es solche Orte wie die Abenteuerspielplätze auch in Zukunft gibt, denn hier dürfen Kinder Kinder sein. Möglicherweise sind und werden sie heute und in Zukunft nötiger denn je. Dann wünsche ich mir, dass Erwachsene und Eltern erkennen, dass Spielen keine Zeitverschwendung ist, sondern dringend nötig für die gesunde Entwicklung. Und ich wünsche mir, dass die Stadt Frankfurt unsere Arbeit und unseren Wert endlich richtig anerkennt. Denn in den begrenzenden, monofunktionalen Städten, in denen wir heute leben, haben Kinder (und auch Erwachsene) kaum mehr die Möglichkeit, ursprüngliche Erfahrungen mit Wasser, Erde, Feuer, Pflanzen, Tieren zu machen oder ihre Geschicklichkeit, ihre Kraft oder andere Sinneserfahrungen auszuprobieren.

Infos Abenteuerspielplatz Riederwald e. V.

Der Verein ist der größte Kinderkulturveranstalter in und um Frankfurt. Er wurde 1974 von der Jugendorganisation „Die Falken" gegründet und betreibt derzeit drei pädagogisch betreute Abenteuerspielplätze (Riederwald, Günthersburg und Colorado Park). Seit 1985 sind außerdem die feuerroten Spielmobile in den Frankfurter Stadtteilen unterwegs. Darüber hinaus werden das ganze Jahr hindurch verschiedene Aktionen veranstaltet, etwa die Main- und Opernspiele während der Sommerferien, Piratenbootfahren auf dem Main, Kinderfeste wie Halloween oder das Martinsfeuer, Lichterzauber, das Frankfurt Pow Wow, Kinderkonzerte, Flohmärkte und und und ...
www.abenteuerspielplatz.de (Weitere Infos zu den Abenteuerspielplätzen auf S. 118)

Auch der Kinder- und Jugendzirkus Zarakali (Platenstr. 79z, Tel.: 069 56807911, www.zarakali. de) bietet Kindern und Jugendlichen zwischen sechs und 18 Jahren Zugang zu neuen, fantastischen und ihnen unbekannten Themen und Betätigungsfeldern. Die Vielzahl der zirzensischen Disziplinen in den Workshops und Trainingseinheiten bieten dabei gute Möglichkeiten, sich unabhängig von körperlichen und geistigen Voraussetzungen zu engagieren. Dabei erfahren die Nachwuchsartisten nicht nur ihren eigenen Körper neu, sondern auch wie man gemeinsam ein Bühnenprogramm erarbeitet.

VEREINSSPORT

Sport fördert die Gesundheit und die Entwicklung von Kindern und Jugendlichen, stärkt die Gemeinschaft, erleichtert die Integration und macht nicht zuletzt einfach riesigen Spaß. Die etwa 430 Sportvereine in der Mainmetropole schaffen für Groß und Klein eine vielfältige und abwechslungsreiche Sportlandschaft.

„Starker Sport – Starke Stadt" – unter diesem Motto versteht sich der **Sportkreis Frankfurt** (www.sportkreis-frankfurt.de) als politische Interessenvertretung der hiesigen Turn- und Sportvereine und deren über 200.000 Mitgliedern. Auf der Internetseite kann man sich über die gut entwickelte Vereinslandschaft und Sportmöglichkeiten in der Mainmetropole informieren. Außerdem arbeitet der Sportkreis Frankfurt eng mit der **Sportjugend Frankfurt** (www.sjf-sportjugend.de) zusammen, die die Interessen der gut 65.000 Kinder und Jugendlichen bis 27 Jahren vertritt, die sich in den Frankfurter Sportvereinen engagieren.

Übrigens bietet auch das **FamilienSportFest** (www.familiensportfest.de), das bereits seit sechs Jahren immer im Sommer stattfindet,

eine tolle Möglichkeit, sich nicht nur über die verschiedenen Sportangebote in Frankfurt zu informieren, sondern von American Football bis Zumba vor Ort auch gleich alles ausprobieren.

SCHWIMMKURSE

In der Antike galt der Satz, dass der Mensch gebildet ist, der lesen und schwimmen kann. Das zeigt den hohen Stellenwert, den das Schwimmen einst hatte. Das ist heute anders: Laut einer alarmierenden Umfrage der **Deutschen Lebens-Rettungs-Gesellschaft** (DLRG) kann mehr als die Hälfte der Grundschüler nicht sicher schwimmen und nur 40 Prozent der Sechs- bis Zehnjährigen besitzen ein Jugendschwimmabzeichen! Gründe sind das Schwimmbadsterben, die hohen Eintrittspreise und lange Wartezeiten für die noch verbleibenden Schwimmkurse. Dabei ist Schwimmen eine elementare Fertigkeit, die man ebenso wie Radfahren nie mehr verlernt. Als sicherer Schwimmer gilt übrigens erst, wer mindestens das Schwimmabzeichen in Bronze – auch Bekannt als Freischwimmer – hat. Dafür müssen Kinder innerhalb von 15 Minuten mindestens 200 Meter weit schwimmen.

Neben den Schwimmkursen in den Frankfurter Schwimmbädern der **Bäderbetriebe Frankfurt** (www.bbf-frankfurt.de) oder den Vereinen wie der **FTG** (www.ftg-frankfurt.de) oder der **TG Bornheim** (www.tgbornheim.de) bieten auch andere Anbieter Schwimmkurse in Frankfurt an.

Schwimmpädagogischer Verein
Egenolffstr. 40, Tel.: 069 94411833, www.schwimmpaed.de
Seit 1989 bietet der SVP an verschiedenen Standorten in der Stadt Angebote rund ums Wasser an. Das Portfolio umfasst Kurse wie Kinderschwimmen für Anfänger, Kinderschwimmen für Fortgeschrittene, Babyschwimmen und Kleinkindschwimmen. Die Kursleiter arbeiten in kleinen Gruppen und legen Wert auf die individuelle Förderung jedes Teilnehmers.

Schwimmschule Delphini
Tel.: 069 517838, www.schwimmschule-delphini.de
Hier lernen Kinder ab fünf Jahren das Schwimmen in kleinen Gruppen mit maximal sechs Teilnehmern. Sie werden mit Spiel und Spaß mit dem Element Wasser und seinen Eigenschaften vertraut gemacht und können vom Seepferdchen bis Silber alle Schwimmabzeichen erwerben. Kursort ist das Schwimmbad im Sozialzentrum Marbachweg.

Schwimmschule Frankfurt
Rhönstr. 117, Tel.: 069 90437105, www.schwimmschule-frankfurt.de
Die Schwimmschule ist dem Ersten Frankfurter Schwimm-Club (EFSC) angegliedert. Der EFSC ist der größte Schwimmverein in Hessen und bietet eine Reihe Möglichkeiten, sich sportlich zu betätigen. Die erfahrenen Leiter der Kurse für Babys und Kleinkinder arbeiten seit vielen Jahren im Schwimmsport und berücksichtigen speziell die Bedürfnisse der Kinder und Eltern.

Wasserflöhe
Röderichstr. 15, Tel.: 069 7891219, www.wasserfloehe.de
Hier können bereits drei Monate alte Säuglinge die Welt des Wassers entdecken. Unter Anleitung ausgebildeter und erfahrener

WIE HEISST DU?
Frieda

WIE ALT BIST DU?
3

IN WELCHEM STADTTEIL WOHNST DU?
Nordend

WAS IST DEIN LIEBLINGSPLATZ IN FRANKFURT?
Beim Tierestreicheln im Zoo

WAS IST DEIN LIEBLINGSSPIELZEUG?
Meine Annabell

WAS IST DEIN LIEBLINGSGERICHT?
Nudeln

WAS IST TOLL IN/AN FRANKFURT?
Die Spielplätze

WAS FINDEST DU BLÖD IN/AN FRANKFURT?
Es gibt keine Einhörner. Es ist laut

Schwimmlehrer erleben die Kinder spielerisch den Umgang mit dem nassen Element.
Ab dem Alter von vier Jahren geht's dann ans
„richtige" Schwimmenlernen und die Kinder
können das Seepferdchen erlangen.

VERKEHRSERZIEHUNG

Mit der Aktion **„Sicher zur Schule"** werden seit
dem Jahr 2013 Vorschulkinder auf ihren zukünftigen Schulweg vorbereitet. Bundesweit
einmalig ist dabei das Engagement in Frankfurt: Hier üben Bedienstete des städtischen
Straßenverkehrsamtes gemeinsam mit den
Kindern das richtige Verhalten im Straßenverkehr. Die Kinder lernen unter anderem wofür
Ampeln und Zebrastreifen gut sind, welche
Bedeutung die wichtigsten Verkehrszeichen
haben und vor allem auch, wie sie Gefahren
im Straßenverkehr erkennen und vermeiden.
Am Ende der Verkehrserziehungseinheit mit
theoretischen und praktischen Übungsein-
heiten steht die **„Schulwegpassprüfung"**.
Ergänzt wird die Verkehrserziehung in der
vierten Klasse durch die **„Radfahrausbildung"**.
Sie wird von der Jugendverkehrsschule der
Polizei durchgeführt und endet mit dem
Erwerb des bei den Kindern begehrten
„Fahrradpasses". Weitere Informationen über:
www.stadtschulamt.stadt-frankfurt.de,
www.verkehrswacht-frankfurt.de oder
www.polizei.hessen.de.

Lebendiges Lernen statt graue Theorie heißt
es auch bei **Jumicar** (August-Schanz-Str.
24–26, Tel.: 069 56995140, www.jumicar-
frankfurt.de). Hier erleben Kinder Fahrspaß
mit Mehrwert. In motorbetrieben Mini-Autos
lernen kleine Autofahrer ab sechs Jahren auf
dem 2.000 Quadratmeter großen Gelände
spielerisch das richtige Verhalten im Straßenverkehr und können nach bestandener
praktischer und theoretischer Prüfung sogar
einen „Kinderführerschein" erwerben. Speziell
geschultes Personal achtet neben der Einhaltung der Verkehrsregeln auch besonders auf
die Sicherheit der kleinen Rennfahrer.

SELBSTVERTEIDIGUNG

Budocenter Karamitsos
Berger Str. 275, Tel.: 069 462567,
www.budocenter-karamitsos.de
Der Karate-Bundestrainer Efthimios Karamitsos leitet das Budocenter, das auch der einzige Bundesstützpunkt in Deutschland ist. Im
Karate-Kindertraining ab vier Jahren greifen
die Trainer den angeborenen Bewegungsdrang auf und fördern auf spielerische Weise
motorische Grundfertigkeiten insbesondere
die Koordinierung von Geist und Körper, ohne
dass der Spaß dabei zu kurz kommt.

Frankfurt Sports Club
Leipziger Str. 67, Tel.: 0176 31294343,
www.frankfurtsportsclub.de
Efraim Chapman (u. a. Weltmeister im Kickbo-
xen, Vizeweltmeister im Karate) vermittelt
Koordination und Körperbeherrschung auf
spielerische Weise. Das Kinder-Kickbox-
Training lehrt dem Nachwuchs nicht nur die
Grundelemente des Kampfsports, sondern
fördert auch den Erwerb von sozialen und
emotionalen Kompetenzen. Beim Kinder-
Sportskarate-Training achtet Chapman
besonders auf die Förderung der motorischen und geistigen Entwicklung. Fairer und
respektvoller Umgang miteinander ist ebenso
wichtig wie Pünktlichkeit, Höflichkeit und
Disziplin.

Frauen in Bewegung e. V.
Baumweg 8 (Hinterhof), Tel.: 069 4950710,
www.fraueninbewegung.com
Der Verein gehört zu den ersten Kampfkunst-
vereinen speziell für Frauen in Deutschland
und bietet Mutter- und Töchterkurse sowie
Mädchentraining an. Hier kann der Nachwuchs seine physische und mentale Kraft
entwickeln und sich dabei noch so richtig
auspowern.

Karate Martial Arts Institute
Eiserne Hand 12, Tel.: 069 26945350,
www.karatefrankfurt.de
Bei Karate geht es nicht einfach ums Käm-
fen. Es geht um Spaß an der Bewegung.
Diese Freude und Leidenschaft vermittelt das
Trainerteam um Hans-Gerd Hinz (ehemaliger

Kickbox-Weltmeister und Ex-Bundestrainer WAKO, WKO) und Ronny Wagner (ehemaliger Weltmeister Karate Kata).

Kick-Point Team Frankfurt
Deutschherrnufer 32–34, Tel.: 0800 1801809, www.frankfurt-karate.de, www.kick-point.eu
Die Experten der Kampfkunst – im Team gibt es Deutsche Meister, Europameister und sogar einen Vizeweltmeister – bieten Karate für Kinder von 3 bis 14 Jahren. Die Kampf- künste sind anwenderfreundlich und gut zu erlernen, sie bieten eine hervorragende Grundlage für Fitness und Selbstverteidigung. Auch der philosophische und rechtliche Teil der Kampfkünste wird nicht vernachlässigt. Ein Probetraining ist im Kick-Point ohne vorherige Anmeldung möglich.

Sportschule Dome
Schloßstr. 13–15, Tel.: 069 703703, www.sportschule-dome.de
Aikido, Judo, Karate/Taekwondo, Wing Chun – das Angebot für Kinder und Jugendliche in der seit 1969 bestehenden Kampfkunst- Sportschule in Bockenheim ist groß. Teilweise sind die Kurse für Kinder ab 3 Jahren konzi- piert. Ein unverbindliches und kostenloses Probetraining ist selbstverständlich. Die hoch- qualifizierten Trainer praktizieren Budo-Sport schon seit Jahren, viele von ihnen haben große Wettkampferfolge erzielt.

Taekwondo Dojang Frankfurt e. V.
E-Mail: contact@dojang-frankfurt.com, www.dojang-frankfurt.com
Der Taekwondo Dojang Frankfurt e. V. ist eine Interessengemeinschaft aus erfolgrei- chen Wettkämpfern, qualifizierten Trainern und professioneller Betreuung. Ziel ist es, jungen und älteren Menschen eine Sportart anzubieten, die in besonderem Maße die Gesundheit und das Wohlbefinden fördert. Im Kinder- und Jugendtraining vermitteln die Trainerinnen spielerisch die Grundlagen des Taekwondo.

WingTsun-Akademie
Am Hopfengarten 8, Tel.: 069 7893264, www.wingtsun-frankfurt.de
In den Kursen ab fünf Jahren geht es in erster Linie darum, den Kindern und Jugendli- chen Selbstvertrauen zu vermitteln. Die teils

WIE HEISST DU?
Maximilian

WIE ALT BIST DU?
6

IN WELCHEM STADTTEIL WOHNST DU?
Sindlingen

WAS IST DEIN LIEBLINGSPLATZ IN FRANKFURT?
Der Frankfurter Zoo

WAS IST DEIN LIEBLINGSSPIELZEUG?
Lego Star Wars

WAS IST DEIN LIEBLINGSGERICHT?
Pommes mit Buttergemüse und Ketchup

WAS IST TOLL IN/AN FRANKFURT?
Frankfurt ist mein Lieblingsort

WAS FINDEST DU BLÖD IN/AN FRANKFURT?
Gar nichts!

konkreten, teils abstrakten Unterrichtsinhalte werden mit Hilfe von Spielen, Übungen und Wettbewerben kindgerecht und einfach umgesetzt. Außerdem wird der große Bereich der Selbstverteidigung und des Kampfsports abgedeckt. Dabei gehört die Fall- und Bewegungsschule ebenso zum Trainingsprogramm wie Tritt- und Schlagtraining, Wurf- und Abwehrtechniken oder Kraft- und Fitnesstraining.

KLETTERN & BOULDERN

Boulderwelt Frankfurt
August-Schanz-Str. 50, Tel.: 069 95416560, www.boulderwelt-frankfurt.de
„Bouldern" meint das Klettern ohne Seil und Klettergurt, sodass hier auch schon die Kleinsten ihren Spaß haben. In der abgetrennten „Kinderwelt" gibt es nicht nur ein Spinnennetz und einen Geheimtunnel, sondern auch zahlreiche märchenhafte Elemente. Beim regelmäßigen Training der „Boulderkids" lernen Kinder ab vier Jahren spielerisch, wie sie sich in der Vertikalen bewegen.

DAV Kletterzentrum Frankfurt
Homburger Landstr. 283, Tel.: 069 95415170, www.kletterzentrum-frankfurtmain.de
Der Deutsche Alpenverein ist der weltgrößte Bergsportverband. Das Kletterzentrum befindet sich im Norden Frankfurts. Für Kinder gibt es spezielle Angebote wie den Einsteigerkurs zum Sichern und Klettern, den Kinderkletterclub oder auch Klettercamps in den Ferien und Ferienkurse für Jugendliche ab 13 Jahren. Außerdem im Angebot: Einsteigerkurse für Eltern, die sich und den Nachwuchs sorgenfrei ans Klettern heranführen wollen.

Dynochrom
Flinschstr. 45, Tel.: 069 40802770, www.dynochrom.de
Unter der Anleitung eines ausgebildeten Trainers erproben Kinder im Kinderboulderclub nicht nur ihre ersten Schritte an der Kletterwand, sie werden auch in ihrem Bewegungsgefühl geschult und erlernen so die passenden Klettertechniken. Spaß, Spiel und Bewegungsfreude stehen im Mittelpunkt.

WIE HEISST DU?
Helena

WIE ALT BIST DU?
8 Jahre

IN WELCHEM STADTTEIL WOHNST DU?
Niederrad

WAS IST DEIN LIEBLINGSPLATZ IN FRANKFURT?
Stadion-Bad, Kletterbaum im Park bei uns gegenüber

WAS IST DEIN LIEBLINGSSPIELZEUG?
Stifte, Papier, Schere und Kleber

WAS IST DEIN LIEBLINGSGERICHT?
Grießbrei und Milchreis

WAS IST TOLL IN/AN FRANKFURT?
Dass meine Freundinnen hier wohnen und dass man in der Innenstadt gut bummeln kann

WAS FINDEST DU BLÖD IN/AN FRANKFURT?
Dass so viele Leute auf der Straße wohnen

T-Hall-Kletterhalle Frankfurt
Vilbeler Landstr. 7, Tel.: 069 94219381,
www.t-hall.de/ffm
Verkehrsgünstig gelegen bietet die T-Hall in
zwei Hallenteilen ein weites Spektrum an
Wandtypen und Schwierigkeitsgraden mit
über 300 Kletterrouten auf über 1.850 Quadratmetern Kletterfläche. Neben einem
Kinder-Grundkurs gibt es einen KinderClub
für Kinder und Jugendliche ab 8 Jahren.

KOCHKURSE

Die KinderKüche
Arnsburger Str. 41, Tel.: 069 43003078,
www.diekinderkueche.de
Hier entdecken Kinder ab 5, dass gesundes
Essen nicht nur lecker ist, sondern Kochen
auch eine Menge Spaß macht. Schritt für
Schritt geht's ans Eingemachte: Welche
Zutaten braucht man? Wie werden diese zu-
bereitet? Wer schmeckt ab? Am Ende sitzen
alle gemeinsam am bunt gedeckten Tisch
und genießen die selbstgekochten Speisen.
Was für ein Erfolgserlebnis!

Maggie Kochstudio Frankfurt
Neue Kräme 27, Tel.: 069 91399322,
www.maggi.de
Früh übt sich, wer ein echter Genießer werden möchte. Das Maggi Kochstudio weiht
seine jungen Gäste (ab 8 Jahren) Schritt für
Schritt spielerisch in die Geheimnisse der
Kochkünste ein. Schließlich fallen Meisterkö-
che nicht vom Himmel! Unter professioneller
Anleitung bereiten die kleinen Köche ein
leckeres Menü mit vielen frischen Zutaten zu.

Kempinski Hotel Frankfurt Gravenbruch
Graf zu Ysenburg und Buedingen Platz 1,
63263 Frankfurt/Neu-Isenburg,
Reservierung unter: 069 389880,
www.kempinski.com/de/frankfurt/
hotel-gravenbruch
Der Sonntagsbrunch ist bei Familien beliebt
wegen seiner großen Speiseauswahl, doch
für die Kinder gibt es einmal im Monat ein
weiteres Highlight: Sie dürfen gemeinsam
mit Promi-Koch Mirko Reeh in der „Torschän-
ke" die Kochlöffel schwingen. Jeder Termin
steht unter einem anderen Motto – ob Sushi,
Suppenküche, Ab an den Grill oder festliches
Menü. Da ist garantiert für jeden Geschmack
etwas dabei.

Serafina
Hügelstr. 126, Tel.: 069 54840795,
www.serafina-frankfurt.de
In den teils fortlaufenden Kinderkursen wird
auf spielerische Weise geheimes Koch-Wissen
vermittelt, der Geschmackssinn trainiert und
der Spaß in den Vordergrund gestellt. Ob
Burger selbst machen – natürlich inklusive
der passenden Brötchen! –, Leckeres aus dem
Wok, Pasta selbst machen oder der vegane
Kochkurs für Teenies, hier finden Nachwuchs-
Chefs ab 6 Jahren den passenden Kochkurs
ganz nach ihrem Geschmack. Übrigens
werden sämtliche Kurse auch in englischer
Sprache angeboten.

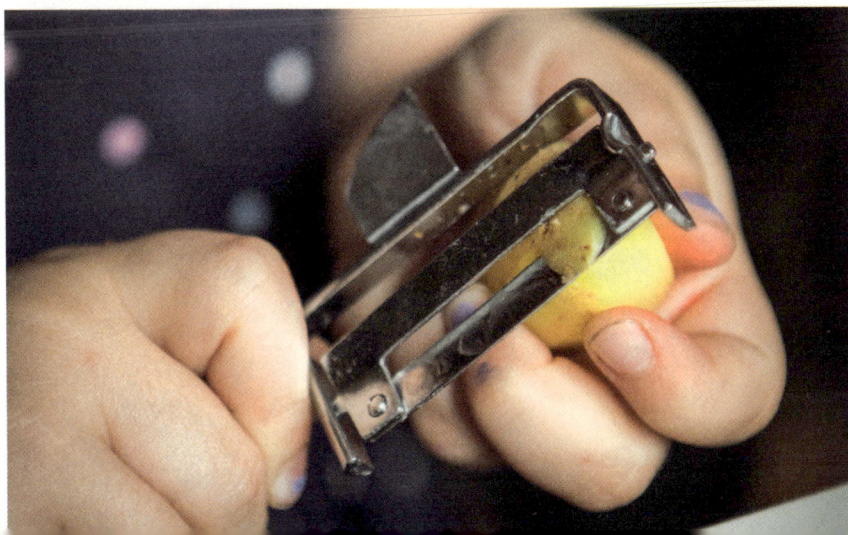

SOMMER: ERFRISCHENDER MANGOLASSI

In Indien wird Lassi gern zu scharfen Speisen getrunken. An heißen Sommer-tagen gibt es neben Eis kaum eine bessere Erfrischung. Der Klassiker ist sicher Mangolassi, aber auch mit Himbeeren, Erdbeeren, Brombeeren, Heidelbee-ren, Ananas, Bananen etc. schmeckt der Joghurtdrink einfach köstlich – zum Glück ist der Sommer lang!

Du brauchst dafür:
Eine essreife Mango
250 g milder Natur-Joghurt
125 ml Milch
Saft von einer halben Zitrone
Eiswürfel
Etwas Zimt oder Kokosraspel zum Bestäuben
Minzeblättchen zum Verzieren
(Bei Bedarf etwas Honig oder Zucker zum Süßen, aber eigentlich ist die Mango süß genug)

Und so geht's:
1.) Schäle die Mango, löse sie vom Kern und würfele sie grob.

2.) Püriere alle Zutaten in einem Standmixer oder mit dem Pürierstab so lange, bis der Drink schön cremig ist.

3.) Nun gibst du ein paar Eiswürfel in ein hohes, schmales Glas und gießt den Mangolassi darauf. Bestäube ihn mit etwas Zimtpulver oder den Kokos-raspeln. Serviere ihn mit einem Stroh-halm und einem Minzeblättchen.

Tipp: Falls du den Kokosgeschmack gerne magst, kannst du die Hälfte der Milch auch durch Kokosmilch ersetz-zen. Dann schmeckt dein Lassi noch ein bisschen exotischer.

SOMMER: MARIENKÄFERSTEINE

Wenn du im Urlaub mal wieder 1.001 Steine gesammelt hast, kannst du sie mit Acrylfarben bemalen. Wir haben uns für Marienkäfer entschieden. Nicht nur, weil das untrügliche Sommerboten sind, sondern, wenn sie sieben Punkte haben, auch Glücksbringer sind. Auf die gleiche Weise (bloß mit anderen Farben) kannst du aber auch beispielsweise Bienen, Frösche, Schmetterlinge, Fische etc. gestalten. Die verzierten Steine machen sich super im Blumenkasten, im Beet, auf der Fensterbank oder als Briefbeschwerer und sind ein tolles Geschenk für Oma und Opa!

Das brauchst du:
Gesammelte Steine und Kiesel (idealerweise 5–7cm groß, möglichst flach, oval und hell)
Weiße, rote und schwarze Acrylfarbe
Pinsel
schwarzer wasserfester Stift
Wackelaugen

Und so wird's gemacht:
1.) (Falls dein Stein ziemlich dunkel ist, malst du ihn zunächst mit der weißen wasserfesten Farbe an und lässt ihn gut trocknen.) Male als erstes mit dem Pinsel und der schwarzen Farbe an der einen „Längsseite" des Steines einen kleinen Bogen auf, das wird das Gesicht des Marienkäfers. Male diesen Halbkreis schwarz aus. Von dort aus ziehst du mittig eine Linie bis zum anderen Ende des Steins, das werden die Flügel, und lasse alles mindestens 30 Minuten trocknen.

2.) Nun malst du die Flügel mit der roten Farbe aus und lässt alles wieder 30 Minuten trocknen.

3.) Mit dem schwarzen wasserfesten Stift malst du nun die schwarzen Punkte (Marienkäfer mit sieben Punkten gelten als Glücksbringer!) auf die Flügel. Zum Schluss klebst du noch die Wackelaugen auf.

Tipp: Falls du keine Wackelaugen hast, malst du zunächst mit der weißen Farbe zwei kleine Kreise in das Marienkäfergesicht. Nach dem Trocknen setzt du jeweils in die Mitte des weißen Kreises mit dem schwarzen Stift noch einen kleinen schwarzen Punkt als Pupille.

Deutschland/USA: Familie Ebert
Eine typische
Frankfurter Familie

Bevor es „richtig ernst" wurde, führten Allison und Holger vier Jahre lang eine Transatlantik-Beziehung – und zwar in Zeiten, als es Whatsapp, Facetime, Skype oder Facebook, also alle diese Gadgets, die die moderne Kommunikation so leicht und bildhaft machen, noch gar nicht gab. Allenfalls halfen E-Mails oder das Telefon, die frische Liebe lebendig zu halten. Oder eben alle paar Monate ein persönlicher Besuch – aber mit gut 7.000 Kilometern Distanz gar nicht so einfach – obwohl: „Die Tatsache, dass ich damals noch studierte und wochenlang Semesterferien hatte, hat unsere Beziehung begünstigt", sagt Holger. Das glückliche Studentenleben.

Doch der Reihe nach: Kennengelernt haben sich die beiden 1998, als Allison, die aus Minnesota stammt, mit zwei Freundinnen nach dem Studium per Railway durch Europa reiste. Während ihrer Studienzeit an der Uni von St. Thomas hatte sie als Mentorin gearbeitet und internationale Studenten betreut: „Ich habe ihnen gezeigt, wie man in Minnesota überlebt, denn die Winter sind hier kalt und die Sommer heiß." Einer ihrer Mentees war Markus, den sie auf ihrem Europa-Trip in Stuttgart besuchte. Über ihn lernt sie Holger kennen – und lieben. Nach drei Monaten Telefonkontakt flog Holger in die USA: „Ich musste herausfinden, ob das was Ernstes mit Allison war", sagt er. Vernünftig war es nicht, aber was kann die Vernunft schon gegen die Liebe ausrichten? Und so führten sie vier wahnwitzig lange Jahre lang eine interkontinentale Beziehung. Als Allison dann einen Job begann, der Telearbeit zuließ, fragte sie ihren Chef, ob sie ihre Computertrainings und Assessments nicht auch von Deutschland aus halten könne. No Problem! Holger war zwischenzeitlich ebenfalls mit dem Studium fertig und hatte in Frankfurt einen Job begonnen. „Meine Vorstellung war, dass ich mich hier drei bis vier Jahre top ausbilde und dann als Management-Consultant in die USA versetzen lasse." Frankfurt als Standort war für den gebürtigen Stuttgarter fein und für Allison ebenfalls, die 2003 nach Deutschland kam. Eigentlich nur für ein Jahr – mittlerweile sind 14 daraus geworden, ein Ende nicht absehbar. 2005 heiratete das Paar, 2011 wurde Tochter Emma, 2012 Sohn Daniel geboren. Noch immer ist Frankfurt die Homebase der Familie. Holger kann die gängigen Vorurteile gegenüber der Stadt nicht nachvollziehen: „Frankfurt ist die internationalste Stadt Deutschlands, vielleicht auch die Stadt mit den meisten Gegensätzen und dank der Wolkenkratzer kommt wenigstens ein bisschen USA-Feeling auf. Für uns passt das."

Mindestens zwei Mal im Jahr besuchen sie Allisons Familie. „Ich habe fünf Geschwister, das ist schon ein Unterschied zu Holgers typisch deutscher Kleinfamilie mit einer Schwester und insgesamt zwölf bis 14 Verwandten. Bei mir umfasst allein der engste Kreis 35 bis 40 Personen. Ist das nicht crazy?!", findet Allison.

Ziemlich crazy war für sie übrigens auch in der Anfangszeit das Thema einkaufen und dass die deutschen Kühlschränke so klein sind. „In den USA fährst du in einen riesigen Market und hast alles vor Ort, hier musst du in viele kleine Geschäfte rennen, bis du alles hast!" Das zu organisieren, hat sie in der Zwischenzeit gelernt, ebenso wie Deutsch. „Aber eigentlich brauchst du in Frankfurt gar kein Deutsch. Es gibt ja fast alles auf Englisch: Communitys, Buchclubs, Theater, Kino, englische Speisekarten in den Restaurants, englische Kindergärten und Schulen, was du willst." Die Familiensprache ist Englisch, aber die Kinder wechseln untereinander wie selbstverständlich zwischen beiden Sprachen. „Wir haben in unserem gesamten Freundes- und Bekanntenkreis nur eine Handvoll rein deutscher Familien." Auch das sei typisch Frankfurt. Was ist eigentlich an ihnen beiden typisch deutsch, typisch amerikanisch? Holger stöhnt auf: „Das weiß ich nicht, das müssen andere beurteilen!", empfiehlt er. „Seit wir Kinder haben, versuchen wir Halloween oder Thanksgiving zu feiern", sagt Allison. Doch das sei gar nicht so easy: „Es scheitert schon allein daran, dass du nirgendwo einen Ofen findest, in den ein Turkey passt!", sagt Allison mit gespielter Empörung. „Mal ganz abgesehen davon, dass du Vegetarierin bist", ergänzt Holger und lacht.

REZEPT

EDNA'S APPLE PIE (EIN REZEPT DER FAMILIE BURNS)

Zutaten:
Für den Teig
2 Tassen Mehl
2/3 Tasse kalte Butter
1 Teelöffel Salz
1/2 bis 3/4 Tasse kaltes Wasser

Für die Füllung
6–8 säuerliche Äpfel
(Boskoop, Elstar, Granny Smith)
1 Tasse Zucker
1 Teelöffel Zimt
1/8 Teelöffel geriebene Muskatnuss
1/4 Teelöffel Salz (optional)
4 Teelöffel Butter

Zubereitung:
Den Backofen auf 190 °C vorheizen.

In einer kleinen Schüssel die trockenen Zutaten für den Teig und die Butter mit den Händen vermischen. Nach und nach etwas Wasser hinzugeben, bis ein feiner, bröseliger (Mürbe-)Teig entsteht. Die Masse sollte nicht zu feucht werden, gerade so, dass sie sich formen lässt. Den Teig in zwei Hälften teilen und zu Kugeln formen.

Die eine Kugel auf einer bemehlten Fläche dünn zu einem ca. 30 cm großen, 2 bis 3 mm dicken Kreis ausrollen und in die gefettete Backform legen. Den Boden und den überstehenden Rand leicht andrücken.

Die Äpfel schälen, das Gehäuse entfernen, in Scheiben schneiden und in eine große Schüssel geben. In einer kleinen Schüssel Zucker, Zimt und Muskat mischen und diese Mischung dann vorsichtig mit den Apfelscheiben vermengen. Nun die Apfelmasse auf den Teigboden geben und die Butter in kleinen Flöckchen darauf verteilen.

Den restlichen Teig ebenfalls ausrollen. Vier kleine Schlitze in den Teigdeckel schneiden und dann vorsichtig als Deckel auf die Apfelmasse legen. Die Teigränder vom Teigboden und Teigdeckel vorsichtig mit einer Gabel oder den Fingerspitzen aneinanderdrücken.

Den Pie eine bis eineinhalb Stunden backen. Er ist fertig, wenn er goldbraun ist.

SEHEN
UND
ENTDECKEN

TÖNE UND EMOTIONEN
INTERVIEW MIT DEBORAH
EINSPIELER, DRAMATURGIN
UND LEITERIN DES KINDER- UND
JUGENDPROGRAMMS DER
OPER FRANKFURT

Warum sollten schon Kinder die Oper besuchen, weshalb sind Opernbesuche eine Bereicherung für Kinder?
Oper bietet Kindern ein „Mehr" an Erleben: Theater und Musik. Denn sie knüpft dort an, wo auch Erwachsenen manchmal die Worte fehlen – vermittelt durch Töne und Emotionen.

Inwiefern unterscheidet sich Oper für Kinder von Oper für Erwachsene?
Oper für Kinder möchte Kinder dort abholen, wo sie stehen, möchte zum Denken anregen und ihren eigenen Erfahrungsschatz aufrufen. Sie sollte anspruchsvoll und zugleich kindgerecht gestaltet sein und darf dabei meiner Ansicht nach nicht zu didaktisch daherkommen.

Oper galt nicht selten als schwere Kost, elitär, steif und kostspielig mit einem zuweilen etwas älteren Publikum. Ist Oper viel ungezwungener geworden als ihr Ruf und wie machen Sie Oper für den Nachwuchs interessant? Was müssen sie dabei beachten?
Wir haben über die Jahre verschiedene Angebote für unterschiedliche Altersgruppen von Kindern und Jugendlichen entwickelt. Ein zwei Jahre altes Kind hat andere Bedürfnisse als ein 10-Jähriger. Wir setzen dabei vermehrt auf interaktive Angebote. Dass der Ansatz funktioniert, zeigen unsere gut besuchten ca. 160 Veranstaltungen für Kinder, Jugendliche und erwachsene Operneinsteiger.

Die Oper Frankfurt bietet pro Spielzeit über 500 Veranstaltungen an. Welche Rolle spielen Kinder dabei?
„JETZT! Oper für dich" hat einen wesentlichen Anteil an diesen 500 Veranstaltungen. In der Oper Frankfurt ist uns jeder Operneinsteiger – ganz gleich welchen Alters, welcher Nation oder Religion – sehr willkommen.

„JETZT! Oper für dich" heißt das Vermittlungsprogramm der Oper Frankfurt und richtet sich an Kinder und Jugendliche. Wie und warum sind sie auf dieses Programm gekommen?
Oper hat einiges zu bieten. Dann und wann begegnen wir in anderen Theatern, in der Presse oder auch unter unseren Opernbesuchern der Meinung, dass es wichtig sei, sich um „das Publikum von morgen zu kümmern". Das habe ich schon sehr früh für recht fragwürdig gehalten, denn eigentlich interessiert uns doch der Gast heute und JETZT!. Zuschauer sollten unabhängig von ihrem Alter und ihrer Bildung ernst genommen werden.

Was beinhaltet dieses Angebot, was können Kinder bei Ihnen erleben?
Mit Aramsamsam haben wir eine Konzertreihe für 2- bis 4-Jährige entwickelt, die den jüngsten Zuschauern die Augen und Ohren für die Welt der Oper öffnet und sie aktiv daran teilhaben lässt. Die Reihe Oper für Kinder richtet sich an junge Operngänger im Grundschulalter. Mit unserer Oper für Kinder unterwegs-Tour erreichen wir in den Schulen Frankfurts und dem Rhein-Main-Gebiet alle Kinder – ganz gleich welcher Herkunft, Hautfarbe und Religion.

Kleine feine Orchester hautnah-Konzerte im Holzfoyer bieten Kindern ab acht Jahren die Möglichkeit, die Musiker*innen des Museumsorchesters hautnah zu erleben und einiges über deren Instrumente und die Welt der Kammermusik zu erfahren.

In unserem Weihnachtskonzert geht es mit der Weihnachtsgans Auguste um die kurz vor Weihnachten alles entscheidende Frage: Braten oder Nicht-Braten? Ein besonderes Highlight der Spielzeit ist wie jedes Jahr das Phantom in der Oper. Hier können Jugendliche im Alter von 12 bis 15 Jahren nach dem gemeinsamen Vorstellungsbesuch das Opernhaus erkunden und schließlich ihre Schlafsäcke im Ballettsaal ausrollen. Erwachsenen Operneinsteigern servieren wir mit Oper to go im Holzfoyer bei einem Drink einen kurzweiligen Opernabend und eine tolle Alternative zu Kino und Co. Darüber hinaus flankieren über 100 Workshops den Spielplan der Oper Frankfurt und bereiten Schulklassen, Familien und Erwachsene umfassend auf einen Opernbesuch vor.

Oper ist eine Bereicherung für Kinder. Inwiefern sind Kinder auch eine Bereicherung für die Oper Frankfurt?
Kinder in (Musik-)Theatern bereichern die (Opern-)Häuser, bringen Leben hinein. Sie verjüngen das Publikum und erinnern daran, dass es wichtig ist, immer wieder neu zu denken, offen zu bleiben und – das gilt für Zuschauer und Theatermacher in jedem Alter – stets und JETZT! Neues zu wagen.

Noch mehr Informationen unter
http://www.oper-frankfurt.de/de/jetzt-oper-fuer-dich/

Bernd Loebe, Intendant der Oper Frankfurt:
„Die Veranstaltungsreihe JETZT! Oper für dich vermittelt mit einem speziell zugeschnittenen Programm Kindern, Jugendlichen, Familien und erwachsenen Operneinsteigern das Gesamtkunstwerk Oper. Unter der Leitung von Dramaturgin Deborah Einspieler flankieren die Kolleginnen mit einem spannenden Angebot den dichten Spielplan der Oper Frankfurt und begeistern mit unterschiedlichen Angeboten sowohl jüngste Besucher, Kinder ab zwei Jahren, als auch Erwachsene, die einen ersten Schritt ins offene Opernhaus wagen."

WIE HEISST DU?
Finn

WIE ALT BIST DU?
12

IN WELCHEM STADTTEIL WOHNST DU?
Westend

WAS IST DEIN LIEBLINGSPLATZ IN FRANKFURT?
Blau-Gelb

WAS IST DEIN LIEBLINGSSPIELZEUG?
Fußball

WAS IST DEIN LIEBLINGSGERICHT?
Spaghetti mit Bolognese

WAS IST TOLL IN/AN FRANKFURT?
Blau-Gelb und die Freunde

WAS FINDEST DU BLÖD IN/AN FRANKFURT?
Den Verkehr

MUSEEN

Archäologisches Museum
Karmelitergasse 1, Tel.: 069 21235896,
www.archaeologisches-museum.frankfurt.de
Das Archäologische Museum präsentiert,
bewahrt und erforscht die Archäologie und
Geschichte der Stadt Frankfurt und seines
Umlandes. Die Exponate der Ausstellung sind
spannende Zeugen vergangener Epochen.
Kinder können die Alltagswelten lange
versunkener Kulturen erleben. Die altstein-
zeitliche Jägerkultur, die ersten jungsteinzeit-
lichen Bauern in Frankfurt, Kelten, Römer und
Germanen werden mit Originalfunden und in
anschaulichen Lebensbildern präsentiert.

Deutsches Architekturmuseum
Schaumainkai 43 (Museumsufer),
Tel.: 069 21238844, www.dam-online.de
Die Dauerausstellung „Von der Urhütte zum
Wolkenkratzer" veranschaulicht die Entwicklung der vom Menschen gestalteten Umwelt
von der Steinzeit bis ins 21. Jahrhundert. Zudem
können Kinder in einer Reihe von Lernspielen
kreativ werden: ein Baumeister-Diplom erwerben, mit „Phileas Fogg in acht Minuten um die
Welt" reisen, Scheherazade auf der Suche nach
dem Traumschloss begleiten oder mit Kapt'n
Nemo in Unterwasserwelten abtauchen.

Deutsches Filmmuseum
Schaumainkai 41 (Museumufer),
Tel.: 069 961220220,
www.deutsches-filminstitut.de
Das komplett erneuerte Gebäude präsentiert eine Dauerausstellung, welche sich
den Prinzipien des Filmischen Sehens und
des Filmischen Erzählens widmet. Neben
vielen historischen Exponaten, interaktiven
Medienstationen und einem Filmraum, bietet
sie eine Reihe von Highlights: z. B. der Oscar,
den Maximilian Schell für „Das Urteil von
Nürnberg" erhielt oder der Helm von Darth
Vader aus „Star Wars".

DialogMuseum
Hanauer Landstr. 145, Tel.: 069 9043210,
www.dialogmuseum.de
In der Ausstellung „Dialog im Dunkeln" werden Besucher von blinden Mitarbeitern durch

lichtlose Räume geführt, in denen Alltags-situationen (Stadtbummel, Spaziergang im Park etc.) dargestellt sind. Diese bekannten Situationen sind ohne Augenschein ein neues Erlebnis. Eine Besonderheit ist der „Muse-umsraum", der wechselnden Ausstellungen vorbehalten ist und den man im Rahmen einer Spezialtour erleben kann.

Eintracht Frankfurt Museum
Mörfelder Landstr. 362,
Tel.: 069 95503275,
www.eintracht-frankfurt-museum.de
Die launische Diva hält ihre Anhänger seit über 100 Jahren in Atem. Im Eintracht-Museum in der Commerzbank-Arena wird die Eintracht von ihren Anfängen bis zur Ge-genwart dargestellt. Der Fokus liegt auf dem Fußball, aber auch andere Abteilungen und Sportereignisse sind vertreten. Filmausschnit-te, Radioreportagen und O-Töne erinnern an so manches Highlight.

Experiminta
Hamburger Allee 22–24, Tel.: 069 71379690,
www.experiminta.de
Im Mitmach-Museum ist Anfassen ausdrück-lich erwünscht. Ein Fakirbett, singende Eisen-blatten, gigantische Seifenblasen – rund 120 Experimentierstationen machen neugierig und lassen die Besucher staunen. Das Experi-minta macht naturwissenschaftliche Phäno-mene und mathematische Zusammenhänge durch das Experimentieren unterhaltsam und verständlich.

Frankfurter Goethe-Haus
Großer Hirschgraben 23–25, Tel.: 069 138800,
www.goethehaus-frankfurt.de
Im Großen Hirschgraben können Besucher auf Goethes Spuren eine Zeitreise in das 18. Jahrhundert unternehmen. An jedem zweiten und vierten Samstag im Monat gibt es eine Familien-Führung, d. h. einen beson-deren Rundgang durch Goethes Elternhaus. Wie sah der Alltag der Familie Goethe aus? Wie wuchsen Johann Wolfgang und seine Schwester Cornelia auf? Zum Abschluss kann das Schreiben mit der Gänsefeder im Kamin-zimmer ausprobiert werden.

WIE HEISST DU?
Clara

WIE ALT BIST DU?
5

IN WELCHEM STADTTEIL WOHNST DU?
Nordend

WAS IST DEIN LIEBLINGSPLATZ IN FRANKFURT?
Der Eulenpark, der Zoo, mein Kinder-garten

WAS IST DEIN LIEBLINGSSPIELZEUG?
Meine Puppen

WAS IST DEIN LIEBLINGSGERICHT?
Spaghetti

WAS IST TOLL IN/AN FRANKFURT?
Dass hier mein Zuhause ist

WAS FINDEST DU BLÖD IN/AN FRANKFURT?
Die Hundekacki und dass es hier so kalt ist

WIE HEISST DU?
Julian

WIE ALT BIST DU?
3

IN WELCHEM STADTTEIL WOHNST DU?
Bockenheim

WAS IST DEIN LIEBLINGSPLATZ IN FRANKFURT?
Spielplatz

WAS IST DEIN LIEBLINGSSPIELZEUG?
Meine Autos

WAS IST DEIN LIEBLINGSGERICHT?
Nudeln

WAS IST TOLL IN/AN FRANKFURT?
Die Motorräder

WAS FINDEST DU BLÖD IN/AN FRANKFURT?
Die Spinnen

Geldmuseum der Deutschen Bundesbank
Wilhelm-Epstein-Str. 14, Tel.: 069 95663073,
www.bundesbank.de
Die neue Dauerausstellung des Geldmuseums gliedert sich in vier Themenmodule: Bargeld, Buchgeld, Geldpolitik und Geld global. Sowie fünf daran angeschlossene Kabinette, Geldkabinett, Sprache des Geldes, Inflation 1923, Deutsche Zentralbankengeschichte, Europäische Wirtschafts- und Währungsunion. In der Mitte befindet sich ein 360-Grad-Rundkino, das zum Eintauchen in die Welten des Geldes einlädt. Der Eintritt ist frei. Für Kinder (6–10 Jahre) und Jugendliche (10–15 Jahre) bietet das Museum eine Reihe von Workshops an. Zudem können sich die jungen Besucher auf Museumsrallyes freuen.

Historisches Museum
Saalhof 1, Tel.: 069 21235154,
www.historisches-museum-frankfurt.de
Das Historische Museum am Römerberg ist das Stadtmuseum Frankfurts. Das einmalige historische Gebäudeensemble lädt mit aktuellen Dauer- und Sonderausstellungen sowie vielen Angeboten für Kinder und Erwachsene zur Entdeckung der Stadt Frankfurt und ihrer Geschichte ein. Das Museum bietet Führungen für Familien und Kinder. Ein Angebot, um auf gemeinsame Erkundungstour zu gehen, ist die Kinderspur. Sie führt durch 12 Sammlerräume. Eigens für Kinder und Familien wurden interaktive Stationen mit einem kostenlosen Aktionsheft eingerichtet. Innovativ: Für Mütter und Väter mit Baby bietet das Historische Museum manduca-Führungen an. Tragen werden gestellt, Wickeltisch und verständnisvolle Teilnehmer/innen sind mit inbegriffen. So können die jungen Mamas und Papas ganz entspannt in die Geschichte der Stadt eintauchen.

Jüdisches Museum
Untermainkai 14–15, Tel.: 069 21235000,
www.juedischesmuseum.de
Das Jüdische Museum wird in den nächsten Jahren inhaltlich und baulich erweitert und erneuert. Dies ist mit einer vollständigen Neugestaltung der Dauerausstellung in den beiden Häusern des Museums verbunden: Im Museum Judengasse, Battonnstrasse 47 (www.museumjudengasse.de), wird die Zeit vor 1800 und ab 2018 im Rothschildpalais die Zeit danach präsentiert.

KINDERKUNSTKLUB VON SCHIRN, STÄDEL UND LIEBIEGHAUS

Im KinderKunstKlub von Schirn, Städel und Liebieghaus haben Kinder und Jugendliche von 6–13 Jahren die Möglichkeit, die drei Häuser, deren Ausstellungen und die eigenen künstlerischen Fähigkeiten zu entdecken. Für 20 Euro Jahresbeitrag können Klubmitglieder ein Jahr lang Schirn, Städel und Liebieghaus besuchen und bei allen öffentlichen Veranstaltungen wie Kinder- und Familienführungen mitmachen. Die Mitglieder bekommen zudem Post von den drei Häusern, die rechtzeitig über alle Termine und spannende Aktionen informiert. Viermal im Jahr kommen alle Neugierigen beim Blick hinter die Kulissen von Schirn, Städel und Liebieghaus auf ihre Kosten und erfahren, wie die Bilder an die Wand kommen, wo das Licht angeht, wie die Künstler arbeiten, wo der Direktor sitzt und wie man eine Skulptur restauriert.

kinder museum frankfurt
An der Hauptwache 15, Tel.: 069 21235154,
www.kindermuseum.frankfurt.de
Die Ausstellungen des ältesten Kindermuseums in Deutschland knüpfen stets an die Lebenswelten der jungen Besucher an und lassen viel Freiraum für eigenes Forschen und Experimentieren an authentischen Objekten. Auf zwei Etagen sind insgesamt zehn Kreativwerkstätten und historische Räume eingerichtet, darunter auch der besonders beliebte „Kolonialwarenladen" oder die „Urgroßelternküche". Neu hinzugekommen ist eine historische Drogerie aus dem 19. Jahrhundert. Im „Forscherlabor" können sich die Besucher ganz pragmatisch mit den Forschungsschwerpunkten berühmter Frankfurter Persönlichkeiten wie Maria Sybilla Merian, Paul Ehrlich oder Johann Christian Senckenberg beschäftigen.

Liebieghaus
Schaumainkai 71 (Museumsufer),
Tel.: 069 605098200, www.liebieghaus.de
Die Skulpturensammlung bietet einen Überblick über 5.000 Jahre Geschichte der Bildhauerei vom alten Ägypten bis zum Klassizismus. Das Liebieghaus bietet Familien und Kindern die Möglichkeit, die Skulpturen in abwechslungsreichen Führungen, Workshops und Kursen zu entdecken. Ein Highlight ist das Kinderfest. Es lädt kleine und große Gäste zum Staunen, Träumen und Erleben ein!

Museum Angewandte Kunst
Schaumainkai 17 (Museumsufer),
Tel.: 069 21231286,
www.museumangewandtekunst.de
Als lebendiger Ort des Entdeckens richtet das Museum Angewandte Kunst seinen Fokus auf die Wahrnehmung gesellschaftlicher Strömun-

gen und Entwicklungen, mit dem Schwerpunkt auf Design, Performatives und Mode. Die wechselnden Ausstellungen erzählen von kulturellen Werten und sich wandelnden Lebensverhältnissen. Führungen und Workshops bieten den jüngsten Besuchern individuelle Zugänge zu den Themen des Museums. Jeden letzten Samstag im Monat ist der Eintritt frei.

Museum für Kommunikation
Schaumainkai 53 (Museumsufer),
Tel.: 069 60600, www.mfk-frankfurt.de
Wie funktioniert Kommunikation? Welche Mittel und Wege stehen und standen ihr zur Verfügung? Diesen Fragen und den Herausforderungen der Informationsgesellschaft stellt sich das Museum. Neben spannenden Exponaten wartet auf Kinder ab dem Vorschulalter, Schulklassen und Familien ein abwechslungsreiches Programm mit interaktiven Führungen, einer Kinderwerkstatt und Aktionen von Ferienspielen bis zur Geburtstagsfeier.

Museum für Moderne Kunst
Domstr. 10, Tel.: 069 21230447,
www.mmk-frankfurt.de
Warhol, Lichtenstein, Beuys – das MMK Museum für Moderne Kunst gehört zu den bedeutendsten Museen für Gegenwartskunst. Die Sammlung umfasst über 5.000 Werke internationaler Kunst von den 1960er Jahren bis in die aktuelle Gegenwart. Mit Führungen, Workshops und Veranstaltungsreihen für Kinder und Familien bietet das MMK ein abwechslungsreiches Programm zum Mitmachen, Entdecken und Ausprobieren. Am letzten Samstag im Monat ist der Eintritt ins Museum frei.

Museum Giersch
Schaumainkai 83 (Museumsufer),
Tel.: 069 13821010, www.museum-giersch.de
Das Museum Giersch der Goethe-Universität versteht sich als „Fenster der Universität" zur Stadt und der Region. Das Museum widmet sich seit vielen Jahren erfolgreich der Erforschung und Vermittlung regionaler Kunst. Das vielfältige Vermittlungsprogramm für Kinder umfasst unter anderem Führungen und Kinder-Kreativ-Werkstätten.

Schirn Kunsthalle
Römerberg, Tel.: 069 299882112,
www.schirn.de
Die Ausstellungshalle in der Nähe des Doms bietet Kindern unterschiedliche Ausstellungsrundgänge, Handpuppenführungen, Famili-

GUT ZU WISSEN
Das Satourday-Programm
Die Frankfurter Museen haben sich für ein besonders attraktives Programm zusammenge-schlossen: Immer am letzten Samstag im Monat ist der Eintritt frei für eine Tour durch die Museen. An jenen Tagen, ausgenommen August und Dezember, bieten die Museen mehr als Ausstellungen. Kinder und Erwachsene gehen gemeinsam auf Entdeckungsreise. Kosten-frei werden spezielle Themenführungen für Familien angeboten, zudem kann in Workshops geforscht und ausprobiert werden. Achtung: Im Deutschen Filmmuseum, EXPERIMINTA Si-enceCenter, Goethe-Haus, Museum für Kommunikation, Naturmuseum Senckenberg und im Palmengarten wird auch an diesen Tagen Eintritt erhoben.

Freier Eintritt in den städtischen Museen für Kinder und Jugendliche bis 18 Jahren
Die Stadt Frankfurt hat Ende 2016 beschlossen, dass der Eintritt für Kinder und Jugendliche bis zur Volljährigkeit in allen Dauer- und Sonderausstellungen der städtischen Museen kostenfrei ist. Die Regelung gilt für 16 Ausstellungsorte: Archäologisches Museum, Caricatura Museum Frankfurt, Deutsches Architekturmuseum, Hindemith Kabinett im Kuhhirtenturm, Histori-sches Museum Frankfurt, Ikonen-Museum, Institut für Stadtgeschichte, Jüdisches Museum, Kinder Museum Frankfurt, Kronberger Haus, Museum Angewandte Kunst, die drei Dependan-cen Museum für Moderne Kunst 1–2–3, Museum Judengasse und Weltkulturen Museum.

enführungen und Workshops. Hinzu kommt mit der MiniSchirn ein kreativer Erlebnis- und Erfahrungsraum für Kinder von 3 Jahren bis ins Grundschulalter. Während Erwachsene die Ausstellungen genießen, erobern Kinder dort die Welt der Farben, Formen und Struk-turen.

Senckenberg Naturmuseum
Senckenberganlage 25, Tel.: 069 75420, www.senckenberg.de
In diesem Museum jagt ein Highlight das andere. Auf 6.000 Quadratmetern gibt es Tausende, teilweise weltweit einzigartige Exponate zu entdecken. Das Museum hat eine der wichtigsten naturkundlichen Samm-lungen Europas zu bieten. Zu den größten Attraktionen für Kinder zählen die Dinos. Das Senckenberg Museum präsentiert in Frank-furt immerhin die umfangreichste Dinosauri-er Ausstellung in Deutschland.

Städel Museum
Schaumainkai 63 (Museumsufer), Tel.: 069 605098200, www.staedelmuseum.de
Das Städel zählt zu den bedeutendsten Kunstsammlungen in Deutschland und lädt zu einer Reise durch die Kunstgeschichte Europas ein. Ein zentrales Anliegen ist die zielgruppenspezifische Kunstvermittlung, die

sich mit den Sammlungsinhalten ebenso wie mit allgemeinen Fragen zur Kunst ausein-andersetzt und an ein vielfältiges Publikum gerichtet ist. Besondere Führungen, Ateli-erkurse, Ferienkurse, Workshops und vieles mehr wecken auch bei jungen Besuchern die Lust auf Kunst.

Struwwelpeter-Museum
Schubertstr. 20, Tel.: 069 747969, www. struwwelpeter-museum.de
In einer Gründerzeitvilla präsentiert das Struwwelpeter-Museum Briefe, Manuskripte und Dokumente von Heinrich Hoffmann, dem Erfinder der berühmten Frankfurter Kin-derbuchfigur. Mitmach-Angebote bieten die Möglichkeit, sich mit Hoffmann und seinen Geschichten auseinanderzusetzen und die Welt des Struwwelpeters wieder lebendig werden zu lassen. Besucher können sich hier sogar als Struwwelpeter verkleiden.

Verkehrsmuseum Frankfurt
Rheinlandstr. 133, Tel.: 069 21323131, www.hsf-ffm.de
Wie sind Oma und Opa früher zum Markt gekommen? Was haben Schaffner früher ge-tragen? Antworten auf solche Fragen gibt das Verkehrsmuseum Frankfurt. Die Daueraus-stellung „Von der Pferdebahn bis zur Neuzeit"

WIE HEISST DU?
Sophie

WIE ALT BIST DU?
9 Jahre

IN WELCHEM STADTTEIL WOHNST DU?
In Zeilsheim

WAS IST DEIN LIEBLINGSPLATZ IN FRANKFURT?
Unser Haus

WAS IST DEIN LIEBLINGSSPIELZEUG?
Das Trampolin und mein Hula-Hoop-Reifen

WAS IST DEIN LIEBLINGSGERICHT?
Pommes mit Ketchup und Chicken Nuggets

WAS IST TOLL IN/AN FRANKFURT?
Der Palmengarten

WAS FINDEST DU BLÖD IN/AN FRANKFURT?
Es ist oft laut, weil die Autos laut sind

bietet einen spielerischen Überblick über die Entwicklung des Frankfurter Nahverkehrs und lässt anhand von Originalexponaten Geschichte Wirklichkeit werden. Und im Straßenbahnwaggon der Fahrschule für Kinder darf alles ausprobiert werden, was ein Straßenbahnfahrer so beherrschen sollte.

Weltkulturen Museum
Schaumainkai 29–37 (Museumsufer),
Tel.: 069 21231510,
www.weltkulturenmuseum.de
In drei Gründerzeitvillen präsentiert das Museum eine einzigartige Sammlung von Artefakten aus Ozeanien, Afrika, Südostasien sowie Nord-, Mittel- und Südamerika. Das Weltkulturen Museum bietet Führungen, Projekttage und -wochen sowie Workshops für Kinder, Jugendliche und Schulklassen. Der Weltkulturen Forscherclub lädt Kinder und Familien zu Exkursionen ein, um die interkulturellen Schätze Frankfurts zu entdecken.

THEATER & BÜHNEN

Alte Oper
Opernplatz, Tel.: 069 13400, www.alteoper.de
In der Alten Oper zeigen Weltstars ihr Können. Aber auch kleinen Besuchern wird ein maßgeschneidertes Konzerterlebnis ermöglicht. Mit „Pegasus – Musik erleben!" bietet die die Alte Oper ein umfangreiches Veranstaltungsangebot, welches Konzerte und Workshops von 0 bis 21 Jahren beinhaltet und sich an Familien, Schulen, Kindergärten und Krippen richtet.

Das Frankfurter Puppentheater
Sindlinger Bahnstr. 124 (Haus Sindlingen),
Tel.: 069 495973,
kasper3757.beepworld.de
Das Frankfurter Puppentheater präsentiert sowohl das traditionelle Handpuppenspiel als auch andere Formen des Puppen- und Figurentheaters. Thomas Szymanski kommt mit seinem hölzernen Ensemble auch gerne in Schulen, Kindergärten und zu privaten Festen.

Galli Theater
Hamburger Allee 45, Tel.: 069 97097152,
www.galli-frankfurt.de
In Bockenheim, zentral gelegen zwischen
Messe und Westbahnhof, bietet das Galli
Theater abwechslungsreiche Vorstellungen
für Kinder und Erwachsene sowie ein breites
Workshop-Angebot, für alle, die ihre Persön-
lichkeit entfalten und sich auf der Bühne
ausprobieren möchten.

Gallus Theater
Kleyerstr. 15, Tel.: 069 75806020,
www.gallustheater.de
Das Programm des Gallus Theaters ist eine
bunte Mischung aus Neuem und Etabliertem.
Auf dem Spielplan stehen Schauspiel und
Musiktheater, Chanson und Konzert. Geboten
werden aber auch Performance, Kabarett
und Clownauftritte. Die jüngsten Theaterfans
ab drei Jahren freuen sich über Mitmach-
stücke und kommen im Kindertheater oder
beim Figurentheater auf ihre Kosten.

Kinder- und Jugendtheater Frankfurt
Walter-Möller-Platz 2 (NordWestZentrum),
Tel.: 06101 557424, www.kiju-theater.de
Janosch, Pettersson und Findus oder Der
Grüffelo – im Kinder- und Jugendtheater
ist es immer unterhaltsam. Fantasievolle
Bühnenbilder sowie tolle Kostüme entfüh-
ren die Besucher in die Welt der Märchen
und Geschichten. Zusätzlich können Kinder
in Kursen lernen, ihre kreativen Energien
zu bündeln und ihr Selbstbewusstsein zu
entwickeln.

Oper Frankfurt
Willy-Brandt-Platz, Tel.: 069 21249494,
www.oper-frankfurt.de
Mit ihrem breitgefächerten Angebot für
Kinder und Jugendliche zeigt die Oper, dass
sie in jedem Alter ein lohnenswertes Ziel ist:
Neben Mitmach-Konzerten für Kinder von 2
bis 4 Jahren ist die Reihe „Oper für Kinder"
ab 5 Jahren der behutsame Einstieg in die
Opernwelt. Und in der Kammerkonzertreihe
für junge Leute erleben Kinder das Orchester
und seine Musiker hautnah.

Papageno Musiktheater
Palmengartenstr. 11 a, Tel.: 069 515038,
www.papageno-theater.de
Klein aber fein: In unmittelbarer Nach-
barschaft des Palmengartens bietet das
klimatisierte Papageno Musiktheater Theater-
und Konzerterlebnisse für kleine und große
Besucher. „Die kleine Zauberflöte", „Ein kleiner
Sommernachtraum" und „Die Schnee-
königin" gehören genauso zum Repertoire
wie etwa „Emil und die Detektive" oder „Die
kleine Hexe".

Schauspiel Frankfurt
Neue Mainzer Str. 17, Tel.: 069 21249494
(Kartentelefon), 069 21237444 (Abo- und Info-
service), www.schauspielfrankfurt.de
Das Schauspiel bringt in jeder Spielzeit
Familienstücke auf die Bühne. Zusätzlich
präsentiert das Junge Schauspiel ein vielfäl-
tiges Programm für neugierige Jugendliche.
Im Jugendclub treffen sich Jugendliche
zwischen 14 und 25 Jahren für intensive
Theaterprojekte, abendliche Schauspieltrai-
nings, kreative Workshops und Gespräche mit
Theatermachern.

Schultheater-Studio Frankfurt
Hammarskjöldring 17 a, Tel.: 069 21232044,
www.schultheater.de
1991 als Technikfundus und Beratungsstelle
für Theatergruppen aus Frankfurter Schulen
ins Leben gerufen, ist das Schultheater-
Studio inzwischen ein theaterpädagogi-
sches Zentrum. Mit seinen Projekten in den
Schulen ermöglicht das Schultheater Kindern
verschiedene Theaterformen kennenzulernen.
Viele Schüler spielen in den verschiedenen
Theatergruppen selbst mit.

Theaterhaus
Schützenstr. 12, Tel.: 069 2998610,
www.theaterhaus-frankfurt.de
Das Ensemble des Theaterhauses zeigt ein
Programm aus Schauspiel und Figurentheater, Märchen, Dramen und Komödien. Das
Theaterhaus Ensemble, das TheaterGrue-
neSosse und das Junge Ensemble, das Theater La Senty Menti und das Figurentheater
Eigentlich veranstalten Theater für Schulen
und Kindereinrichtungen, Theater im Klassenzimmer und Wochenendvorstellungen für
die ganze Familie.

WIE HEISST DU?
Ari

WIE ALT BIST DU?
8 Jahre

IN WELCHEM STADTTEIL WOHNST DU?
Niederrad

WAS IST DEIN LIEBLINGSPLATZ IN FRANKFURT?
Der Main

WAS IST DEIN LIEBLINGSSPIELZEUG?
Mein Fahrrad

WAS IST DEIN LIEBLINGSGERICHT?
Pizza und Nudeln

WAS IST TOLL IN/AN FRANKFURT?
Es ist toll, dass es in Frankfurt so viele Schwimmbäder gibt

WAS FINDEST DU BLÖD IN/AN FRANKFURT?
Dass die Leute oft unfreundlich sind und Kinder anrempeln oder beim Fahrradfahren nicht klingeln

The English Theatre
Gallusanlage 7, Tel.: 069 24231620,
www.english-theatre.de
Das English Theatre ist das größte englischsprachige Theater auf dem europäischen Festland und bietet englischsprachige Unterhaltung vom Feinsten. Neben einem umfangreichen theaterpädagogischen Programm präsentiert das English Theatre jedes Jahr ein zusätzliches Theaterstück, das dem Sprachniveau von Schülern zwischen dem 12. und 16. Lebensjahr angepasst ist.

LICHTSPIELHÄUSER

CineStar Metropolis
Eschenheimer Anlage 40, Tel.: 069 95506401,
www.cinestar.de
CineStar versteht sich als Unternehmen mit Leidenschaft für Film und für die perfekten Rahmenbedingungen. Auf die Leinwände kommen die neusten Streifen. HappyFamily: Alle Familienmitglieder, die Kinder unter 12 Jahren sonn- und feiertags vor 18 Uhr ins Kino begleiten, zahlen selbst auch nur den Kinderpreis. Das Angebot gilt für Filme mit FSK 0, 6 und 12 Jahren.

Deutsches Filmmuseum
Schaumainkai 41 (Museumufer),
Tel.: 069 961220220,
www.deutsches-filminstitut.de
Jeden Freitag und Sonntag präsentiert das Kino des Deutschen Filmmuseums Kinderfilme der besonderen Art. Filme, die im Gedächtnis bleiben und sonst nicht auf der großen Leinwand zu sehen sind. Das abwechslungsreiche Programm enthält Filme für alle Altersgruppen.

E-Kinos
Zeil 125, Tel.: 069 285205,
www.ekinos-frankfurt.de
Bei Filmen, die maximal ab 6 Jahren freigegeben sind, zahlen Kinder bis einschließlich 11 Jahren 4 Euro, begleitende Eltern 5,50 Euro (evtl. zzgl. 3D- und/oder Überlängezuschlag). Mitglieder des Kinderclubs genießen zahlrei-

GUT ZU WISSEN
Kultur-Pass
Frankfurt Kulturangebot ist überwältigend. Doch nicht jede Familie in Frankfurt kann sich Eintrittspreise für Museen, Theater, Kino und Konzerte leisten. Um jene Menschen nicht von der Teilhabe an Kultur auszuschließen, hat der Verein Kultur für ALLE e.V. den Kulturpass ins Leben gerufen. Der Kultur-Pass in Form einer Scheckkarte kostet für Jugendliche und Erwachsene 1 Euro, für Kinder bis 13 Jahre 50 Cent und ist immer ein Jahr gültig. Mittlerweile heißen über 200 Kulturinstitutionen Kulturpassinhaber zum Eintrittspreis von einem Euro (Kinder die Hälfte) willkommen. Mehr Informationen zum Kulturpass unter (069) 97761470 und auf www.kulturpass.net.

che Vorteile: U.a. gibt es nach dem fünften Filmbesuch gratis Popcorn, nach dem zehnten einmal freien Eintritt und freien Eintritt am Geburtstag.

Filmforum Höchst
Emmerich-Josef-Str. 46 a,
Tel.: 069 21245714,
www.filmforum-höchst.com
Das Filmforum bietet jeden Freitag um 14.30 Uhr und Sonntag um 15 Uhr Kinderkino zum günstigen Preis. Hier gibt es auch Filme zu sehen, die nicht in den großen Kinos laufen.

Mal Seh'n Kino
Adlerflychtstr. 6, Tel.: 069 5970845,
www.malsehnkino.de
Das Programmkino im Nordend zeigt Filme aus aller Welt, meist in der Originalfassung mit deutschen Untertiteln. Hierzu gehören auch ausgesuchte Kinderfilme. Im ans Kino angeschlossenen Café lässt sich vor oder nach dem Film gemütlich verweilen.

Entdecken vor der Haustür
Junge VHS Sonnemannstr. 13,
Tel.: 069 21271501, www.vhs.frankfurt.de
Die Programmsparte der Volkshochschule, „die junge VHS", möchte Kindern und Jugendlichen zwischen sechs und 18 Jahren Spannendes und Hilfreiches zu großen und kleinen Themen bieten. Das Programm orientiert sich an den Wünschen von Kindern und Jugendlichen. Es reicht von Hip-Hop und Inline-Skaten über den Umgang mit dem Computer bis hin zu Theaterspielen, Krimis drehen oder auch englische Grammatik.

Kinder-Uni der Goethe-Universität
Theodor-W.-Adorno-Platz 1,
Campus Westend, Hörsaalzentrum, Audimax,
www.kinderuni.uni-frankfurt.de
Jedes Jahr im September bietet die Goethe-Universität eine Woche lang Vorlesungen für Kinder zwischen 8 und 12 Jahren an. Mit Hilfe unterhaltsamer Experimente sowie abwechslungsreichem Anschauungsmaterial vermitteln Professoren spannende Phänomene und Wissenswertes aus der Wissenschaft.

MainÄppelHaus Lohrberg
Klingenweg 90, Tel.: 069 479994,
www.mainaeppelhauslohrberg.de
In den Streuobstwiesen und dem Naturerlebnisgarten der Informations- und Begegnungsstätte können Kinder die Natur entdecken. Im Veranstaltungskalender gibt es ein vielfältiges Angebot wiederkehrender und neuer Kurse und Feste. Kinder und Familien können aus dem großen umweltpädagogischen Programm auswählen.

StadtWaldHaus
Isenburger Schneise, Tel.: 069 683239,
www.stadtwaldhaus-frankfurt.de
Hier können sich Besucher nicht nur über den Stadtwald informieren, sie können ihn auch erleben. Das Gelände beherbergt neben einer Tierauffangstation auch im Stadtwald vorkommende Wildtierarten sowie einen Erlebnispfad. Eine weitere Attraktion ist der Nachtraum, in dem das Leben im nächtlichen Wald hör- und fühlbar ist. Zudem besteht ein breites Angebot an Führungen und Veranstaltungen für Kinder.

HERBST: APFEL-BIRNEN-MUS

Der Herbst ist da! Draußen wird es stürmisch und man kann wunderbar Drachen steigen lassen oder Kastanien sammeln. Außerdem schmecken Äpfel und Birnen jetzt am besten. Am liebsten direkt knackig und saftig aus der Hand, aber unser Apfel-Birnen-Mus ist auch der Hit! Pur, zu Kartoffel-Pfannekuchen, Kaiserschmarrn, in Naturjoghurt und, und, und...

Du brauchst dafür:
1 kg süß-säuerliche Äpfel (Boskoop)
4 Birnen
100 ml Apfelsaft
Saft einer halben bis ganzen Zitrone
1 Prise Zimt
1 Vanilleschote
Zucker/Honig nach Belieben
Marmeladengläser mit Schraubverschluss.

Und so geht's:

1.) Bevor es losgeht, füllst du in die gespülten Gläser kochendes Wasser und lässt sie ca. fünf Minuten mit aufgesetztem Deckel stehen. Dann gießt du das Wasser vorsichtig aus und stellst die Gläser mit der Öffnung nach unten auf ein sauberes Küchentuch.

2.) Schäle die Äpfel und Birnen und entferne die Kerngehäuse. Anschließend schneidest du sie in kleine Würfel.

3.) Schneide die Vanilleschote vorsichtig der Länge nach auf und kratze das Mark heraus. Presse die Zitrone aus.

4.) Gib die Fruchtwürfel zusammen mit dem Apfel- und Zitronensaft, dem Vanillemark und der Vanilleschote in einen Kochtopf und lasse alles fünf bis sieben Minuten kochen, bis die Früchte weich sind.

5.) Fische die Vanilleschote mit einer Gabel aus der Masse und stampfe das Apfel-Birnen-Mus mit einem Kartoffelstampfer klein. Streue den Zimt ein. Eigentlich sollte dein Apfel-Birnen-Mus nun süß genug sein. Falls nicht, schmeckst du es mit Zucker oder Honig ab.

6.) Nun füllst du das Mus in die sauberen Gläser, verschließt jedes sofort mit einem Deckel und stellst es auf den Kopf. Dadurch bildet sich innerhalb des Glases ein Vakuum und dein Apfel-Birnen-Mus ist länger haltbar.

Apfel-Birne

HERBST:
VOGELFUTTERPLÄTZCHEN

Keine Frage, draußen wird es richtig ungemütlich und langsam aber sicher kündigt sich die kalte Jahreszeit an. Höchste Zeit für die Tiere, sich auf den Winter vorzubereiten. Wie wäre es, die Vögel bei der Nahrungssuche zu unterstützen? Klingt nach einem Plan? Dann nichts wie an die Plätzchen-Ausstecher, fertig – los! Die Piepmätze wird's freuen und gleichzeitig sorgt ihr für dekorativen Baumschmuck an den kahlen Ästen.

Das brauchst du:
Pflanzenfett oder Rindertalg
loses Vogelfutter, nicht zu grob
Ausstechförmchen (mindestens 7 cm Durchmesser)
Kochtopf
Kochlöffel
Löffel
Alufolie
Zahnstocher
Kordel

Und so wird's gemacht:
1.) Lege jedes Förmchen auf ein Stück Alufolie und krempele diese an den Seiten nach oben, sodass die Förmchen einen Boden bekommen. Das ist wichtig, damit später das flüssige Fett nicht auslaufen kann.

2.) Bring das Fett bei geringer Hitze zum Schmelzen und lass es ein wenig abkühlen. Dann gibst du die Vogelfuttermischung hinzu und verrührst beides gut miteinander.

3.) Verteile die Mischung mit dem Löffel auf die Ausstechförmchen. Fülle sie nicht bis oben an den Rand und drücke die Mischung vorsichtig fest. Damit du die Futterplätzchen später aufhängen kannst, steckst du einen Zahnstocher in die Mitte oder den oberen Teil. Durch dieses Loch wird die Kordel gefädelt.

4.) Lass die Vogelfutterplätzchen am besten über Nacht trocknen. Entferne dann die Zahnstocher und befestige die Kordel. Nun kannst du deine Vogelplätzchen in die Äste hängen.

AB
NACH
DRAUSSEN

FRANKFURTER GROSSSTADT-DSCHUNGEL

Großstadt, Finanzkapitale, Wirtschaftsmetropole: Das sind die Beinamen, mit denen Frankfurt gewöhnlich versehen wird. Alle richtig, und doch nicht ganz. Schließlich ist Frankfurt so viel mehr – und vor allem grün! Gut die Hälfte unseres Stadtgebietes – und das sind immerhin 248 Quadratkilometer – besteht aus Stadtwald, Flussauen, Streuobstwiesen oder Freiflächen.

Dazu kommen mehr als 40 Stadtparks, wie etwa der Grüneburgpark, der Wasserpark oder der Brentanopark, sieben Naturschutzgebiete (das Harheimer, Seckbacher und Enkheimer Ried, die Riedwiesen, die Schwanheimer Dünen, der Berger Hang und das Mühlbachtal) und nicht zu vergessen der Grüngürtel, ein Landschaftsschutzgebiet, das die Stadt wie ein Ring umgibt und 1991 mit einer eigenen Verfassung begründet wurde. Hier, und nur hier, lebt übrigens ein einzigartiges Geschöpf, das Grüngürteltier, erdacht vom Dichter und Zeichner Robert Gernhardt.

Doch man findet in Frankfurt noch zahlreiche weitere „wilde Tiere": Bieber im Nordpark Bonames an der Nidda, Weißstörche in Harheim, giftgrüne Halsbandsittiche im Solmspark in Rödelheim, Wanderfalken auf den Frankfurter Hochhäusern, Kaninchen in den Wallanlagen, nicht zu vergessen 15 der 19 in Hessen nachgewiesenen Fledermausarten. Dazu kommen Nilgänse, Nutrias, allerlei Enten, Eisvögel, Wildschweine, Feldhamster und natürlich die heimischen Amphibien- und Reptilienarten wie die Mauer- und Zauneidechsen, Ringel- und Schlingnattern, Blindschleichen, Kamm- und Teichmolche, Kreuz-, Wechsel- und Knoblauchkröten, Wasser- und Springfrösche sowie die Europäische Sumpfschildkröte.

Allein im Stadtwald leben 100 Vogelarten, über 1.300 Käferarten, 376 Schmetterlingsarten und zehn Fledermausarten. Hinzu kommen Säugetiere wie Fuchs, Dachs und Marder, Reh- und Damwild und seit einigen Jahren auch der Waschbär.

Übrigens ist Frankfurt im Jahr 2014 vom „European Arboricultural Council" als „European City of the Trees" ausgezeichnet worden, denn in der Mainmetropole sind mehr als 200.000 Bäume erfasst – und das sind nur die, die auf öffentlichen Flächen wachsen! So erhält das schöne Wort des „Großstadt-Dschungels" in Bezug auf die Mainmetropole noch eine ganz neue Bedeutung. Einen prima Überblick über das Leben im Frankfurter Dschungel, dem Stadtwald, bietet das StadtWaldHaus (stadtwaldhaus-frankfurt.de) unweit der Oberschweinstiege. Wechselnde Ausstellungen zum Staunen und Anfassen informieren über ökologische Zusammenhänge und die heimische Flora und Fauna, auf dem Außengelände gibt es verschiedene Lehr- und Erlebnispfade, eine Tierauffangstation für verunfallte Wildtiere sowie die Tiergehege und Volieren der Fasanerie, in denen man einige der hier vorkommenden Wildtierarten beobachten kann.

Einen Einblick in ein weiteres Refugium, das für die Region rund um Frankfurt typisch ist, die Streuobstwiese nämlich, bietet das MainÄppelHaus am Lohrberg (www.mainaeppelhauslohrberg.de). Ohne Streuobstwiese kein Apfelwein

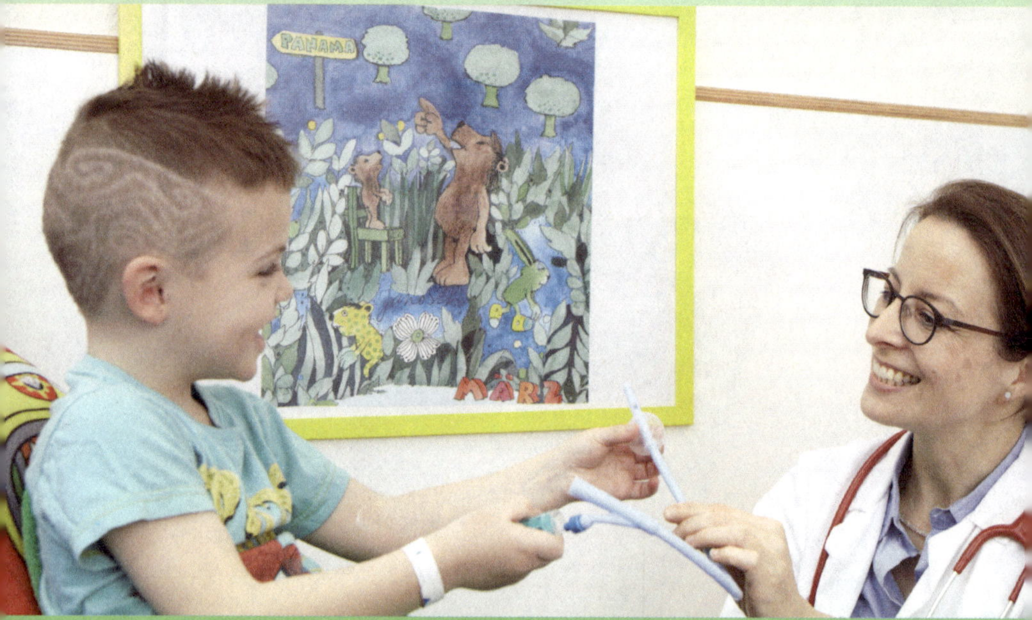

Klinik für Neugeborenen-, Kinderchirurgie und -urologie:
Behutsam, kindgerecht, ganzheitlich

In unserer Klinik betreuen wir Kinder von der Geburt bis zum Jugendalter. Viele Erkrankungen behandeln wir ambulant, um die Kinder möglichst in ihrer gewohnten Umgebung zu belassen. Sollte ein Kind stationär behandelt werden müssen, sind wir bemüht, diesen Aufenthalt so angenehm wie möglich zu gestalten. Hierzu gehört für uns z.B. die Möglichkeit der Mitaufnahme eines Elternteils. Unsere medizinischen Maßnahmen sind den unterschiedlichen Erkrankungen und dem Alter der Kinder angepasst, um den Heilungsverlauf optimal zu gestalten.

- Abdominalchirurgie
- Ambulante Kinderchirurgie
- Kinderurologie
- Neugeborenenchirurgie
- Unfallchirurgie

Bürgerhospital Frankfurt
Nibelungenallee 37 - 41
60318 Frankfurt am Main
Telefon (069) 1500-301
www.buergerhospital-ffm.de

Bürgerhospital
Frankfurt am Main

– welcher Frankfurter will und kann sich das schon vorstellen?! Im Rahmen des Programms „Entdecken, Forschen und Lernen im GrünGürtel" wird für Kinder ein spezielles Programm angeboten. Dabei ist der Ansatz: „Nur wer die Natur kennt und versteht, kann sie auch schützen." Das ist übrigens ein Leitsatz, dem sich auch zahlreiche Frankfurter Schulen verschrieben haben, indem sie die Idee der Schulgärten wiederaufgenommen haben, denn ursprünglich stammt sie aus der Gründerzeit. Damals entstand im Ostpark der „Zentralschulgarten", und in den 1920er Jahren erhielten alle neugegründeten Schulen einen eigenen Garten, damit die Kinder hier Garten- und Ackerbau lernten. Bis in die 1980er Jahre war das dann kein Thema mehr für den Unterricht und nicht wenige Schulgärten verschwanden unter Asphaltdecken. Doch in den 1980ern wird die breite gesellschaftliche Diskussion um die Bedrohung der natürlichen Lebensgrundlagen auch in der Schule zum Thema und führt zu einer Wiederbelebung der bis dahin vielerorts brachliegenden Schulgärten.

Im Kontext der nachhaltigen Entwicklung werden die Schulgärten heute zum elementaren Lernort, zum grünen Klassenzimmer und Experimentierfeld, und bieten für den Unterricht wichtige Impulse für die Themen der Zukunft, etwa indem der Zusammenhang zwischen Klimawandel und globaler Nahrungsmittelproduktion oder der Vorteil ressourcenschonender Anbauweisen besprochen werden. Außerdem lässt sich im Schulgarten wunderbar der Zyklus des Erntejahres beobachten. Der Verein „Umweltlernen e.V." (www.umweltlernen-frankfurt.de) unterstützt übrigens seit über 25 Jahren Frankfurter Schulen und Kitas bei ihren Umweltbildungsprojekten mit Rat und Tat.

Wenn es um das grüne Frankfurt geht, darf natürlich der Palmengarten (www.palmengarten.de) nicht fehlen, die vielleicht grünste Oase der Stadt. Zusätzlich bietet die hier ansässige „Grüne Schule" (www.gruene-schule.de) seit fast 40 Jahren Kindern ab dem Vorschulalter die Möglichkeit, mit zahlreichen unterschiedlichen Führungen, Vorträgen, Workshops oder Ferienkursen „die Wunder der Pflanzenwelt mit allen Sinnen" zu erfahren.

Ganz neu ist übrigens auch der „Bienenlehrpfad Frankfurt am Main" (www.kgv-ginnheimer-wäldchen.de/bienenlehrpfad_frankfurt.html) auf dem Gelände des KGV Ginnheimer Wäldchen e.V. im Niddapark. Hier erfährt man alles über das Leben und den Nutzen von Bienen und darf sogar Honig verkosten. Die Führungen richten sich an Besucher ab fünf Jahren. Terminvereinbarung bei den ehrenamtlichen Imkern Andreas Glienke (Tel.: 069 95419780) oder Heinz-Werner Hirschhäuser (Tel.: 069 522066). Also: Ab nach draußen!

WIE HEISST DU?
Sophia

WIE ALT BIST DU?
6

IN WELCHEM STADTTEIL WOHNST DU?
Bockenheim

**WAS IST DEIN LIEBLINGSPLATZ IN
FRANKFURT?**
Schwimmbad Hausen und mein Garten

WAS IST DEIN LIEBLINGSSPIELZEUG?
Malsachen

WAS IST DEIN LIEBLINGSGERICHT?
Spanische Kartoffeln und Bratkartoffeln

WAS IST TOLL IN/AN FRANKFURT?
Dass ich viele Freunde habe

**WAS FINDEST DU BLÖD IN/AN
FRANKFURT?**
Dass die Autos die Luft schmutzig machen und die Regentage

AUSFLUGSZIELE IN DER STADT

Abenteuerspielplätze
www.abenteuerspielplatz.de
Auf den Abenteuerspielplätzen Riederwald
(Im Riederwälder Forst, nahe dem Licht- und
Luftbad), Günthersburgpark (Wetteraustraße,
Ecke Schlinkenweg) und Coloradopark (Nähe
Raimundstr.), die zum Verein Abenteuerspiel-
platz Riederwald e. V. gehören, können sich
Kinder bis 13 Jahren nicht nur wie sonst auf
Klettergerüsten oder Spielgeräten ausprobie-
ren, sondern es gibt auch eine Menge Materi-
alien und Werkzeug, um selbst handwerklich
tätig zu werden, offenes Feuer zu machen,
Graffitis zu sprayen, zu matschen, zu buddeln,
zu experimentieren und vor allem: Krach
zu machen. Siehe auch Interview mit John
Leicher auf Seite 82.

Alter Flugplatz Bonames und Tower Café
Am Burghof 55, Tel.: 069 95048532,
www.tower-cafe.de, www.aeronauten.org
Wo früher Militärhubschrauber dröhnten, ist
heute ein Landschaftsschutz- und Naherholungsgebiet, das zum Frankfurter GrünGürtel
gehört. Hier kann man entspannen oder man
wird aktiv: Auf der ehemaligen Landebahn
lässt es sich prima skaten oder man kann
Drachen steigen lassen, und nicht nur ein
Frankfurter Kind hat hier das Fahrradfahren
gelernt. Ein tolles Angebot für Familien ist
auch die „Sommerwerkstatt" des Umwelt-
Exploratoriums im Hubschrauber-Hangar im
Rahmen des Grüngürtel-Familienprogramms,
die sich vom Geheimtipp zur festen Instituti-
on entwickelt hat und von der Dr. Marschner-
Stiftung finanziert wird.

Besucherterrasse
www.besucherterrasse.frankfurt-airport.de
Nicht nur kurz vor Abflug in den Urlaub ist ein
Besuch am drittgrößten Flughafen Europas
ein Erlebnis. Auch als Familienausflugziel
eignet sich der Frankfurter Airport bestens!
Einer der Höhepunkte ist zweifelsohne die
Besucherterrasse am Terminal 2. Hier kann
man unzählige Flugzeuge aus aller Welt beobachten. Der Zugang befindet sich auf der
Food Plaza (Ebene 4). Eine ideale Ergänzung
zum Besuch der Terrasse ist eine Flughafen-

Rundfahrt, die direkt vor Ort gebucht werden kann (Starter-Tour). Nähere Informationen unter: www.airporttours.frankfurt-airport.com

Gärtnerei Schecker
Im Teller 21, Tel.: 069 655050,
www.schecker.com
„De Gadde vom Schecker" ist bei Oberrädern ebenso beliebt wie bei Frankfurtern – ja, und auch bei Offenbachern. Einträchtig entspannt man sich hier am Wochenende, labt sich an den Köstlichkeiten und freut sich über dieses „Naherholungsgebiet". Und zu feiern gibt's hier auch genug: Hof-, oder Ernte-, Sommer- oder Tomatenfest – immer herbei!

Hafenpark mit Skatepark
Ostend, zwischen Honsell- und
Deutschherrnbrücke
Der Hafenpark im Frankfurter Osten bildet den Abschluss der Grün- und Flaniermeile des Mainufers und den Anschluss an den Grüngürtel. Der „concrete jungle" an der Eyssenstraße ist mit 5.000 Quadratmetern einer der größten Skate- und BMX-Parks, und sowohl bei Anfängern als auch den Profis der Szene beliebt.

Kobelt-Zoo
Schwanheimer Bahnstr. 5, Tel.: 069 35353047,
www.kobelt-zoo.de
Anders als im Frankfurter Zoo, in dem über 4.500 Tiere aus 450 Arten leben, haben hier, am Rande des Schwanheimer Waldes, rund 300 Tiere ihr Zuhause. Darunter Ziegen, Esel, Chinchillas, Wasch- und Nasenbären, Schlangen, Leguane, Uhus, Sittiche, Goldfasane,

Zwergmangusten und sogar Bennett-Känguruhs. Bei Kindern sind besonders die Mini-Shettland-Ponys beliebt. Übrigens werden alle Tiere von ehrenamtlichen Pflegern und Helfern versorgt.

Licht- und Luftbad Niederrad
Niederräder Ufer 10, Tel.: 069 67733653,
www.lilu-frankfurt.de
Es ist ein Idyll für die ganze Familie, ein urbanes Biotop, ganzjährig für jedermann geöffnet. Kinder lieben das Dach des für seine Architektur ausgezeichneten Cafés, von dem man nicht nur die vorbeischippernden Kähne und Schiffe beobachten, sondern auch Piratenflaggen hissen kann.

Mainspiele, Opernspiele und Hafenpiraten
www.abenteuerspielplatz.de,
www.piratenfahrten.de
Die Mainspiele gelten als größte Sommerferienspielaktion für Kinder im Alter von eins bis 18 Jahren. Ursprünglich wurden sie anlässlich der 1.200-Jahr-Feier der Stadt Frankfurt 1994 entwickelt, wurden aber zum beliebten Dauerbrenner am Sachsenhäuser Mainufer zwischen dem Eisernen Steg und der Untermainbrücke. Es gibt gut 20 Spielstationen – vom Sandkasten über Wasserspiele, Kinderschminken, Bungy-Trampolin bis hin zur Halfpipe zum Skaten. Absolute Highlights sind die Rollschuhbahnen und das Piratenboot, das sechsmal am Tag mit 25 kleinen Piraten an Bord die Leinen losmacht. Kaum sind die Mainspiele vorbei, verlagern die Spielmobile ihr Angebot zum Ende der Sommerferien dann auf den Opernplatz

und in die Taunusanlage für die Opernspiele. Auch hier sind fast alle Aktivitäten kostenfrei, bzw. Preise für Getränke und kleine Snacks oder Eis wirklich erschwinglich.

Ein weiteres Highlight immer vor oder nach den Sommerferien sind auch die Hafenpiraten, ebenfalls eine Aktion des Abenteuerspielplatzes Riederwald. Insgesamt fünf Wochen lang macht dann ein Boot mit echten Piraten den Main unsicher. Anmeldung dringend empfohlen!

Obsthof am Steinberg

Am Steinberg 24, Tel.: 06101 9875725 oder 06101 41522, www.obsthof-am-steinberg.de
Hier wird ökologischer Obstbau praktiziert. Nicht nur Familien freuen sich das ganze Jahr über die vielen tollen Veranstaltungen, wie das legendäre Apfelblütenfest im Mai oder die Lagen- oder Fackelwanderungen mit Apfelraclette. Ganz neu im Programm sind die Familienwanderungen durch die Bio-Obstwiesen. Und die Schoppenwirtschaft ist sowieso immer einen Besuch wert.

Palmengarten

Siesmayerstr. 61, Tel.: 069 21233939, www.palmengarten.de, www.papageno-theater.de
Klar, hier gibt es Pflanzen aus aller Welt. Aber auch tolle Spielplätze, wovon einer im Sommer ein wirklich großartiger Wasserspielplatz ist, einen kleinen See auf dem man mit Ruderbooten herumpaddeln kann, die Grüne Schule, das Papageno-Musiktheater und nicht zu vergessen den Palmen-Express, eine nostalgische Bimmelbahn, die die Besucher von einem zum anderen Ende des Geländes fährt.

Primus-Linie

Mainkai 36, Tel.: 069 1338370, www.primus-linie.de
Das „märchenhafte Familienfrühstück" ist nicht nur für Kinder der perfekte Sonntagmorgen: Mit Mama und Papa das Schiff besteigen und nach dem Frühstück an Bord gibt's auch noch eine spannende und witzige Theateraufführung, während draußen die Landschaft an der Panoramascheibe vorbeizieht. Die Stücke eignen sich für Kinder ab vier Jahren. Achtung: Das Frühstück ist nicht im Preis inbegriffen!

Reiter- und Lernbauernhof Ponyzwerge Sindlingen e. V.

Horles 9, Tel.: 0176 95674759, www.islandpferde-sindlingen.de
Der junge gemeinnützige Verein betreibt einen Kinderlernbauernhof und eine pädagogische Reitschule für Kinder ab drei Jahren. Hier finden Mensch und Tier einen Raum der Begegnung und der Erfahrung. Kinder lernen hier einen sicheren und selbstbewussten Umgang mit den Tieren – Pferde, Ponys, Ziegen, Hühner, Kater, Hunde – und verbessern dabei spielerisch ihre motorischen, kognitiven, sozialen und emotionalen Fähigkeiten.

Sindlinger Glückswiese

Okrifteler Straße (kurz hinter dem Ortsausgang Sindlingen), Tel.: 0176 80263098, www.sindlinger-glückswiese.de
Die Glückswiese ist eine Oase inmitten der Stadt, wo Kindern von Isabell Müller-Germann und ihrem Team vermittelt wird, dass jedes Lebewesen wertvoll ist. Zu den tierischen Mitbewohnern, die hier Groß und Klein verzaubern, gehören 17 Pferde/Ponys, 10 Gänse, 4 Ziegen, 15 Schafe, 5 Schweinchen und 2 Kälbchen.

Wasserlehrpfad im Wasserpark

Friedberger Warte
Wasser ist nicht nur zum Waschen da, sondern eines der wichtigsten Lebensmittel überhaupt. Daher ist der bewusste, ressourcenschonende Umgang zentral. Der im Sommer 2017 neueröffnete erste Frankfurter Wasserlehrpfad bringt Kindern und Jugendlichen die Themen Wasser und Trinkwasserversorgung an insgesamt neun Stationen näher. Dabei wird der Weg des kühlen Nass von der Quelle über Aufbereitung und Transport bis zur Verwendung und Wiedergewinnung nachvollzogen. Außerdem wurde ein öffentlicher Trinkbrunnen installiert, an dem sich die Besucher von der Qualität des Frankfurter Wassers selbst überzeugen können.

Wasserspiele

www.frankfurt.de
Die Planschbecken und Wasserspielanlagen in den Waldspielparks Scheerwald, Louisa, Goetheturm und Tannenwald (hier gibt es eine Interimslösung) sowie das Planschbecken auf dem Lohrberg, die Wasserspielanla-

gen im Günthersburgpark und im Niddapark bieten an warmen Tagen attraktive Spiel- und Planschangebote, und zwar ganz ohne Eintritt zu verlangen. In unmittelbarer Nähe gibt es nicht nur Liegewiesen, Bolz- und Spielplätze, sondern teilweise – wie etwa auf dem Lohrberg oder dem Günthersburgpark – auch noch sehr nette Cafés und Kioske (wie etwa das Schmidt-Peccolo am Goetheturm, www.schmidt-peccolo.de). Das macht den Aufenthalt dort auch für die Großen mehr als angenehm.

AUSFLUGSTIPPS IN DER REGION

Islandpferdegestüt Akazienhof
Teufelslai 1, 61389 Schmitten Seelenberg, Tel.: 0157 83924506, www.akazienhof-ts.de
Nach telefonischer Voranmeldung werden immer am Wochenende spannende geführte Ausritte durch den Naturpark Hochtaunus unternommen. Ab acht Jahren gibt's übrigens die Möglichkeit, hier Reiterferien zu verbringen. Das Glück dieser Erde...

Barfußpfad Bad Orb
Kurparkstr. 2, 63619 Bad Orb, Tel.: 06052 8383, www.barfusspfad-bad-orb.de
Man sagt, es gibt für Kinderfüße nichts Gesünderes als barfuß zu laufen – das Gleiche gilt für Erwachsene. Hier geht man durch glitschigen Schlamm, ungefährliche Glassplitter, weiches Gras oder balanciert auf rauen Baumstämmen. Auf Deutschlands längstem Barfußpfad gibt es 32 Stationen auf 4,5 Kilometern Strecke. Ein durchblutungsförderndes Abenteuer für die ganze Familie.

Brüder-Grimm-Festspiele
Amphitheater im Schloss Philippsruhe, 63454 Hanau, www.festspiele.hanau.de
Märchen verzaubern – zu allen Zeiten und alle Altersstufen. Absolut empfehlenswert sind die unglaublich detailverliebten Inszenierungen der uralten Stoffe in Hanau. Mal als klassisches Theaterstück, mal als mitreißendes Musical. Ein tolles Erlebnis für die ganze Familie. Jedes Jahr von Mitte Mai bis Ende Juli.

WIE HEISST DU?
Remo

WIE ALT BIST DU?
Ich bin 8 Jahre alt

IN WELCHEM STADTTEIL WOHNST DU?
In Schwanheim

WAS IST DEIN LIEBLINGSPLATZ IN FRANKFURT?
Mein Bett

WAS IST DEIN LIEBLINGSSPIELZEUG?
Mein Keyboard, mein Verstärker und die Lautsprecher

WAS IST DEIN LIEBLINGSGERICHT?
Pizza Hawaii

WAS IST TOLL IN/AN FRANKFURT?
Meine Omas und mein Opa wohnen auch hier in Frankfurt und es gibt hier einfach alles

WAS FINDEST DU BLÖD IN/AN FRANKFURT?
Dass man immer ständig im Stau steht, wenn man im Auto unterwegs ist und ständig warten muss

Dottenfelder Hof

Dottenfelder Hof, 61118 Bad Vilbel, Tel.: 06101 529625, www.dottenfelderhof.de
Hier wird der Erde der Hof gemacht – im wahrsten Sinne des Wortes. Auf dem „Dotti" kann man Tiere versorgen, bei der Feldarbeit mithelfen, Lebensmittel erzeugen und Speisen zubereiten. Der Schulbauernhof der hiesigen Landbauschule wurde sogar 2014 als Projekt der UN-Dekade „Bildung für nachhaltige Entwicklung" von der Deutschen UNESCO-Kommission ausgezeichnet. Das ganzjährige Angebot richtet sich an Kinder und Jugendliche jeden Alters und jeder Schulform.

Falknerei Ronneburg

Burg Ronneburg, 63549 Ronneburg, Tel.: 06184 5954097, www.falknerei-ronneburg.de
Die Ronneburg liegt oben auf einem Basaltkegel und bietet einen herrlichen Ausblick auf das Ronneburger Hügelland und dank des Burgmuseum einen Einblick ins Mittelalter. Und dann gibt es hier auch noch eine Falknerei mit majestätischen Greifvögeln, die sich aus nächster Nähe beobachten und manchmal sogar streicheln lassen!

Felsenmeer

Felsenmeer-Informationszentrum, Seifenwiesenweg 59, 64686 Lautertal (Odenwald), Tel.: 06254 940160, www.felsenmeer-zentrum.de
Ja, doch! Man braucht ein bisschen Kondition, um es bis nach ganz oben zu schaffen. Aber dort findet man dann einen Kiosk, der die Kletterer mit allerlei Süßigkeiten, Getränken und heißer Wurst belohnt, bevor es wieder an den Abstieg des 300 Millionen Jahre alten Naturdenkmals geht. Wer nicht klettern möchte, geht den Serpentinenweg, der ebenfalls nach oben führt.

Freizeitpark Lochmühle

61273 Wehrheim, www.lochmuehle.de
Hier kann man nicht nur aus über 100 Fahrgeschäften und Spielgeräten wählen, sondern die Kinder können im natürlichen Flusslauf planschen, auf der Wiese tollen, mit heimischen Tieren im Streichelzoo spielen und vielleicht mit etwas Glück sogar Küken beim Schlüpfen beobachten. In der einstigen Getreidemühle mit landwirtschaftlichem Be-

WIE HEISST DU?
Leander

WIE ALT BIST DU?
Dreieinhalbviertel

IN WELCHEM STADTTEIL WOHNST DU?
Nordend

WAS IST DEIN LIEBLINGSPLATZ IN FRANKFURT?
Die Minischirn

WAS IST DEIN LIEBLINGSSPIELZEUG?
Meine Tröte

WAS IST DEIN LIEBLINGSGERICHT?
Schokolade mit Knabberflocken

WAS IST TOLL IN/AN FRANKFURT?
Der Abenteuerspielplatz, weil da ein Feuerwehrauto ist

WAS FINDEST DU BLÖD IN/AN FRANKFURT?
Die Autos sind zu laut

trieb hat das Naturerlebnis und der Kontakt zu Tieren nach wie vor zentrale Bedeutung.

Großer Feldberg und Falkenhof

Plateau Großer Feldberg, 61389 Schmitten, www.taunusinfo.de, www.falknerei-feldberg.de

Der Große Feldberg ist mit seinen 881 Metern Höhe der höchste Berg des Taunus und eines der beliebtesten Ausflugsziele der Region. Bei gutem Wetter soll man bis nach Straßburg sehen können. Sehenswert ist auch die hier ansässige älteste hessische Falknerei. Neben Führungen sind nach Voranmeldung auch Kindergeburtstage und Falknercamps für Kleine und Große möglich.

Grube Messel

Roßdörfer Str. 108, 64409 Messel, Tel.: 06159 717590, www.grube-messel.de

Vor mehr als 140 Jahren wurden hier die ersten fossilen Relikte von Krokodilen gefunden! Heute ist die Grube Deutschlands erstes UNESCO-Weltnaturerbe und man kann in die spannende Erdgeschichte von vor 48 Millionen Jahren eintauchen. Bei den Familienführungen erfährt man beispielsweise, dass es hier in der Eozän-Urzeit Regenwald gab, und begibt sich auf eine abenteuerliche Spurensuche in die Vergangenheit.

Opelzoo

Am Opel-Zoo 3, 61476 Kronberg, Tel.: 06173 3259030, www.opel-zoo.de

An diesem Ausflugsziel kommt man im Rhein-Main-Gebiet seit Generationen nicht vorbei. Seit 1956 zieht der über 27 Hektar große Landschaftszoo große und kleine Besucher an, kann man hier doch über 1.300 Tiere aus 200 Arten beobachten. Mindestens ebenso beliebt sind die großen Abenteuerspielplätze und die saisonalen Veranstaltungen wie Ostereiersuchen, der Tag der offenen Tür und spezielle Schulferien-Programme.

Saalburg und Hessenpark

Saalburg: Saalburg 1, 61350 Bad Homburg, 06175 93740, www.saalburgmuseum.de Freilichtmuseum Hessenpark: Laubweg 5, 61267 Neu-Anspach, 06081 5880, www.hessenpark.de

Auf der Saalburg, dem weltweit einzigen rekonstruierten Römerkastell, begibt man

WIE HEISST DU?
Paul

WIE ALT BIST DU?
12

IN WELCHEM STADTTEIL WOHNST DU?
Westend

WAS IST DEIN LIEBLINGSPLATZ IN FRANKFURT?
Ostpark

WAS IST DEIN LIEBLINGSSPIELZEUG?
Fußball

WAS IST DEIN LIEBLINGSGERICHT?
Lachslasagne

WAS IST TOLL IN/AN FRANKFURT?
Die ganzen Fußballspielmöglichkeiten

WAS FINDEST DU BLÖD IN/AN FRANKFURT?
Die Parks sind total schmutzig. Der Hundedreck auf den Straßen wird nicht von den Besitzern weggemacht

WIE HEISST DU?
Jonas

WIE ALT BIST DU?
10 Jahre

IN WELCHEM STADTTEIL WOHNST DU?
In Preungesheim

WAS IST DEIN LIEBLINGSPLATZ IN FRANKFURT?
Der Abenteuerspielplatz im
Günthersburgpark

WAS IST DEIN LIEBLINGSSPIELZEUG?
Meine Dampfmaschine

WAS IST DEIN LIEBLINGSGERICHT?
Pommes Frites

WAS IST TOLL IN/AN FRANKFURT?
Dass es hier viele Spielplätze gibt

WAS FINDEST DU BLÖD IN/AN FRANKFURT?
Dass überall Müll liegt

sich auf Spurensuche in die Römerzeit. Es gibt Führungen und Aktivprogramme (z. B. Bogenschießen und Speerwerfen) für jede Altersgruppe. So wird der Alltag der einst hier stationierten Soldaten lebendig. Ebenfalls sehr beliebt sind die ganzjährig stattfindenden Aktionswochenenden, an denen Akteure in zeitgenössischer Kleidung und Ausrüstung das militärische und zivile Leben der Römerzeit hautnah demonstrieren. Bei einem Ausflug ins Freilichtmuseum Hessenpark mit seinen ebenso lehrreichen wie unterhaltsamen Veranstaltungen können sich die jungen Besucher ein Bild davon machen, wie es vor 100 bis 400 Jahren im ländlichen Hessen gewesen ist. Es gibt kindgerechte Vorführungen und Mitmachaktionen, bei denen zumeist bestimmte Themen im Mittelpunkt stehen, etwa Kräutersammeln, Märchen oder Weinbau.

Schloss Freudenberg
Freudenbergstr. 224–226, 65201 Wiesbaden, Tel.: 0611 4110141, www.schlossfreudenberg.de
Hier gehen groß und klein mit allen Sinnen auf Entdeckungstour, jeder auf seine eigene Weise. Alltagsphänomene werden in verschiedenen Erfahrungsstationen, Kunstwerken, Plätzen oder Räumen untersucht und bieten Kindern und Erwachsenen buchstäblich neue Herangehensweisen.

Taunus Wunderland
Haus Zur Schanze 1, 65388 Schlangenbad, Tel.: 06124 4081, www.taunuswunderland.de
Das Taunus Wunderland eignet sich besonders für Familien mit kleinen Kindern. Den Mega-Kick sucht man zwar vergebens, dafür haben schon Dreijährige hier eine große Auswahl verschiedenster Fahrgeschäfte, es gibt tolle Spielplätze, ein riesiges Bällebad und eine tolle Trampolinanlage. Mehr als genug für einen Tag!

Wetterpark Offenbach
Am Wetterpark 15, 63071 Offenbach, Tel.: 069 83836896, www.offenbach.de/wetterpark
Das Wetter ist ein beliebtes Small-Talk-Thema. Aber Hand aufs Herz: Wer weiß schon, wie Stürme oder Hagelschauer entstehen oder kann diese vorhersagen? Dies alles und noch viel mehr kann man bei einem Besuch

im Wetterpark erfahren. Sehr interessant sind auch die speziellen Themenführungen für Kinder ab sieben Jahren.

Nerobergbahn und Opelbad
Nerotal 66, 65193 Wiesbaden,
www.eswe-verkehr.de/nerobergbahn
Die Nerobergbahn, erbaut 1888, ist die zweit-älteste mit Wasserballast betriebene Draht-seil-Zahnstangenbahn Europas. 3,5 Minuten reine Fahrtzeit rumpelt der kleine gelb-blaue Wagen mit 7,5km/h Wiesbadens Hausberg hinauf und hinunter. Oben auf dem Neroberg erwartet einen dann ein herrlicher Ausblick und bei schönem Sommerwetter bietet sich noch ein Besuch im denkmalgeschützen Opelbad an.

FAMILIENFREUNDLICHE CAFÉS IN FRANKFURT

Café im Günthersburgpark
Comeniusstr. 39
Frische Luft ist gesund – für den Nachwuchs und die Eltern auch. Wunderbar, wenn sich das Nützliche mit dem Angenehmen verbin-den lässt, der Spielplatz- mit dem Kaffee-hausbesuch, so wie im Günthersburgpark. Während die lieben Kleinen toben, genießen Muddi und Vaddi ganz entspannt Kuchen, Eis, verschiedene Toasts oder griechische Spezialitäten wie Gigantes oder Joghurt mit Honig, Mandeln und Zimt.

Café Mutz
Alt-Niederursel 27, Tel.: 069 96864758,
www.cafemutz.de
Ein gutes Beispiel dafür, dass es sich absolut lohnt, auch mal in die vermeintlich entlege-neren Stadtteile von Frankfurt zu fahren, ist das „Café Mutz". Betrieben wird es von Sabine Levi, der Macherin des Café Metropol am Dom. Und da wie hier stehen frische Zutaten, leckerste selbstgebackene Kuchen und eine gehörige Portion Herzlichkeit auf der Karte. Benannt ist es übrigens nach dem Kosena-men von Levis jüngstem Sohn und auch die übrigen sechs Kinder sind im Café verewigt: als Namensgeber für die tollen Frühstücke.

Cafuchico
Eckenheimer Landstr. 61, Tel.: 069 25429616
Warmherzig, landestypisch gemütlich und ausgesprochen kinderfreundlich, das ist das brasilianische „Cafezinho". Hier geht Atmo-sphäre über Hektik, was sich auch in den liebevollen Details widerspiegelt. Neben ver-schiedenen brasilianischen Kaffeespezialitäten gibt es Salate, Empanadas und brasilianische Tapas für den kleinen Hunger, außerdem täg-lich Frühstück und abends Cocktails.

Fein Frankfurt
Petersstr. 4–6
(Wasserhäuschen in den Wallanlagen)
Obwohl hier, in der Neuinterpretation des al-ten Wasserhäuschens, alles wirklich sehr „fein" ist, braucht man keine Sorge haben, dass Kinder nicht willkommen sind – im Gegenteil! Wie es sich für ein echtes Frankfurter „Was-serhäusi" gehört, gibt's denn auch gemischte Tüten. Außerdem im Sortiment: Leckerster Kaffee, süße und herzhafte Köstlichkeiten und ausgewählte Alkoholika. Sehr fein!

Harvey's
Bornheimer Landstr. 64,
Tel.: 069 48004878, www.harveys-ffm.de
Wie schöne Momente schmecken? Das kann man hier herausfinden. Als Grundzutaten werden immer Gastfreundlichkeit, Wohl-fühlatmosphäre und Köstlichkeiten aus der hessischen und internationalen Küche serviert. Übrigens: Die üppigen Frühstücke sind seit über 20 Jahren berühmt-berüchtigt! Toll für Kinder ist die geschützte Spielecke und im Sommer bietet die große Terrasse genügend „Auslauf".

Laube Liebe Hoffnung
Pariser Str. 11, Tel.: 069 75847722,
www.laubeliebehoffnung.de
Mitten im Europa-Garten, in Frankfurts jüngs-tem, prosperierenden Stadtteil Europaviertel, befindet sich das wegen seiner besonderen Architektur und dem 14 Meter hohen Aus-sichtsturm unübersehbare Café-Restaurant „Laube Liebe Hoffnung". Hier hat man sich der modernen Hausmannskost verschrieben. Dazu gibt's Bobby Cars für die Kleinen und Wasserschalen für die Vierbeiner und der nahe Spielplatz ist auch ein entspannender Standortvorteil für Familien.

Mola
Diesterwegstr. 39, Tel.: 069 15046666,
www.mola-frankfurt.de
Herzlich und individuell geht es in dem wirklich familienfreundlichen Nachbarschaftscafé am Südbahnhof zu, sodass man sich auch mit kleinen Kindern sofort wie zuhause fühlt. Dazu gibt's selbstgemachten Kuchen, leckeres Frühstück, köstliche Suppen und Salate, herrliche türkische Spezialitäten und guten Kaffee.

ORTells dieses&jenes
Lorscher Str. 13, Tel.: 069 91315862
Das „ORTells" ist ein Café, ein Geschenkeladen, eine Plattform für Frankfurter Designer, ein beliebter Treffpunkt zum Schwätzen, Staunen und sich freuen, ein Kleinod, ein … Ach, es ist dieses und jenes und noch so viel mehr! Und Kinder sind auch sehr gern gesehene Gäste. Was will man mehr?!

Schiffer Café
Schifferstr. 36, Tel.: 069 61993221,
www.schiffercafe.de
Mitten in Sachsenhausen gelegen, direkt an einem großen Spielplatz, der nichts zu wünschen übrig lässt, befindet sich das Schiffer Café. Und das tut ebenfalls alles dafür, dass sich die Gäste rundum wohl und versorgt fühlen: Ob reichhaltiges Frühstück, köstliche Mittagsgerichte oder frisch gebackener Kuchen – hier lässt sich's aushalten.

Schirn Café by Badias
Römerberg 6 a, Tel.: 069 98669969,
www.badias.de
Ausgewählte Köstlichkeiten aus meist regionalen Zutaten, ein super-(kinder-)freundliches Personal, Wohlfühlambiente – was will man mehr?

Strandcafé
Koselstr. 46, Tel.: 069 24145495,
www.strandcafe-frankfurt.de
Bis heute ist das Strandcafé ein Ort der urbanen Lebendigkeit, ein Ort der Begegnung und Zusammenkunft. Dazu gehört ein breites, bodenständiges kulinarisches Angebot. Kinder freuen sich über ein spezielles Kinderfrühstück mit kleiner Überraschung. Wer sich mehr über die Pfannkuchenauswahl freut, die Großen oder die Kleinen, weiß man nicht …

WIE HEISST DU?
Matilda

WIE ALT BIST DU?
7 Jahre

IN WELCHEM STADTTEIL WOHNST DU?
In Bockenheim in der Kuhwaldsiedlung

WAS IST DEIN LIEBLINGSPLATZ IN FRANKFURT?
Die Boulderwelt in der August-Schanze-Straße

WAS IST DEIN LIEBLINGSSPIELZEUG?
Der Kletterbaum im Park in der Siedlung und mein Fahrrad

WAS IST DEIN LIEBLINGSGERICHT?
Germknödel und vietnamesische Sommerrollen

WAS IST TOLL IN/AN FRANKFURT?
Dass hier fast alle meine Freunde wohnen und die Stadt nicht zu groß ist, sodass man alle schnell besuchen kann

WAS FINDEST DU BLÖD IN/AN FRANKFURT?
Dass so viel Müll herumliegt und die Flugzeuge Krach machen

Indien: Familie Jonnalagadda

Fernab der Heimat – daheim in Frankfurt

Heimweh haben sie nicht, sagen Ragha Veni und Mohan Jonnalagadda. Höchstens, wenn es ums Essen geht, denn die deutsche Küche sei für indische Gaumen schon ein bisschen fad. Beide lachen. „Fad" ist eigentlich stark untertrieben. Davon abgesehen fühlt sich das Paar fast wie in Indien. „Was aber wahrscheinlich zum Großteil mit Frankfurt zusammenhängt", gibt Mohan zu bedenken. „In anderen Städten sähe das ganz anders aus", ist er sich sicher. Er kam als Informatikstudent nach Deutschland, 17 Jahre ist das nun her. „Damals war ich der erste indische Student an der Uni Braunschweig. Das war eine spannende Zeit", erinnert er sich an seinen Start fernab der Heimat. Nach dem Studium arbeitete er als IT-Berater in ganz Deutschland. Sein Plan: Sich als SAP-Fachmann selbstständig machen. Eigentlich ein klassischer indischer Weg. Weil der Bedarf an indischen Fachkräften dank des Finanzsektors im Rhein-Main-Gebiet besonders hoch ist, kommt er 2005 nach Frankfurt. Die Stadt hatte es ihm gleich angetan: „Frankfurt ist wie Indien, die Menschen, der Traffic, hier ist immer was los". Frankfurt, the City that never sleeps, das gefällt dem jungen Mann. Ein guter Platz, um ein Business zu starten. Durch die vielen indischen IT-Berater, die nach Deutschland kommen, hat er die Idee, sich im Immobilienbereich selbstständig zu machen: Wohnungen und Zimmer an Firmen für indische IT-Kräfte zu vermieten. Ein zukunftsträchtiges Geschäft – im buchstäblichen Sinne: Eine seiner Mieterinnen ist Ragha Veni, seine zukünftige Frau, die in Wiesbaden ebenfalls Informatik studiert und bei Mohan ein Zimmer mietet. 2008 heiraten sie, 2012 kommt ihre Tochter Lasya auf die Welt, 2016 wird Söhnchen Krish geboren.

Der Schritt nach Deutschland war für Ragha Veni ziemlich groß: „Es war das erste Mal überhaupt, dass ich meine Eltern verlassen habe." Am Anfang habe sie sich schon etwas einsam gefühlt, „aber durch das Studium habe ich schnell Freunde gefunden. Und dann habe ich Mohan kennengelernt. Jetzt bin ich hier zuhause." Und doch vermisst sie Indien. Ihre Familie, natürlich! Und die indische Küche, „wie übrigens auch viele unserer Mieter, die uns immer wieder nach unseren Empfehlungen für indischen Restaurants befragten." Und weil Ragha Veni gut und gerne kocht, folgt die nächste hervorragende Geschäftsidee: Warum nicht ein Restaurant eröffnen, in dem es wirklich authentische indische Gerichte gibt? In der Ludwigstraße, unweit des Frankfurter Hauptbahnhofs, eröffnen sie ihr Restaurant „Ruchi". „Der Name bedeutet so viel wie Geschmack", erklärt Ragha Veni. Neben Köstlichkeiten aus Andra Pradesh, dem südindischen Bundesstaat, aus dem sie zufälligerweise beide stammen, bieten sie Spezialitäten aus den übrigen Landesteilen an. Darüber freuen sich nicht nur ihre zahlreichen indischen Gäste, die das Angebot fernab der Heimat sehr zu schätzen wissen, sondern auch alle anderen, die sich auf eine originäre geschmackvolle Entdeckungsreise auf den indischen Subkontinent begeben wollen. Die Gewürze und Zutaten, die im „Ruchi" in den Topf und auf die Teller kommen, stammen zum großen Teil aus Indien. Entweder bringen die Jonnalagaddas sie selbst von ihren Heimatbesuchen mit oder sie beziehen sie über entsprechende Großhändler, „denn die gibt es glücklicherweise mittlerweile auch hier", sagt Mohan. So muss sich niemand mehr in der kulinarischen Diaspora wähnen – ein großes Glück! Und auch sonst ist die Familie in Frankfurt wirklich happy: „Die Stadt ist so multikulti und open-minded!", das begeistert Ragha Veni und Mohan noch immer. Damit auch ihre Kinder von Anfang an mit möglichst vielen unterschiedlichen Kulturen in Kontakt kommen, besuchen sie eine internationale Kita, und mindestens einmal im Jahr steht eine Reise nach Indien an. „Damit sie unser anderes Zuhause kennenlernen", sagt Mohan, „denn daheim sind wir hier in Frankfurt."

REZEPT

VEGETARISCHE SAMOSAS VON FAMILIE JONNALAGADDA

Zutaten:

Für den Teig
250 g Mehl sowie etwas Mehl zum Bestäuben der Arbeitsfläche
2–3 EL geschmolzene Butter
½ Teelöffel Ajwain-Samen (auch indischer Kümmel, Königskümmel genannt)
120 ml Wasser
1 Prise Salz

Für die Füllung
½ Tasse geschälte grüne Erbsen (frisch oder tiefgekühlt)
2 EL Öl
1 TL Kreuzkümmel-Samen
2,5 cm gehackter Ingwer
2–3 grüne gehackte Chilis (je nach gewünschtem Schärfegrad)
4 mittelgroße gekochte Kartoffeln, in etwa 0,5 cm große Würfel geschnitten
1 TL rotes Chilipulver
1 TL Amchur (getrocknetes Mangopulver)
1 TL Garam Masala-Pulver
1 TL gehacktes frisches Koriandergrün
Salz nach Geschmack
150 ml Wasser

Öl zum Frittieren

Zubereitung:

Mehl, Ajwain-Samen, Salz, geschmolzene Butter mit dem Knethaken miteinander verrühren. Langsam das Wasser hinzufügen bis ein geschmeidiger Teig entsteht. Den Teig in der Schüssel mit einem feuchten Geschirrtuch abdecken und für etwa 15 Minuten ruhen lassen. In der Zwischenzeit die grünen Erbsen kochen bis sie weich sind. Unter kaltem Wasser abspülen, gut abtropfen lassen.

Nun wird in einer Pfanne das Öl erhitzt. Die Kreuzkümmelsamen hinzugeben. Sobald sie ihre Farbe verändern, werden Ingwer, grünes Chili und die Kartoffelstückchen hinzugefügt. Gut vermischen. Anschließend kommen das rote Chili, Salz, Amchur und das Garam Masala-Pulver hinzu, ebenfalls gut verrühren. Bei verschlossenem Deckel ein paar Minuten köcheln lassen. Die grünen Erbsen und die gehackten Korianderblätter einrühren, wieder gut vermischen und die Füllmasse kurz ziehen lassen.

Den Teig in 16 Portionen teilen und zu Kugeln formen. Auf der bemehlten Arbeitsfläche jeweils zu einem dünnen Kreis von etwa 15 cm Durchmesser ausrollen und in der Mitte halbieren. Aus jeder Hälfte wird eine Samosa. Die restlichen Kugeln in der Zwischenzeit mit einem Tuch bedecken, damit sie nicht austrocknen.

Den Halbkreis so vor sich hinlegen, dass die gerade Seite vom Körper weg zeigt. Die linke Seite in Richtung Mitte schlagen. Wenn der Teig nun vor einem liegt, sollen die linke (doppelte) Teigseite und die rechte (einfache) Teigseite gleich breit sein. Nun die rechte Teigseite mit etwas Wasser befeuchten, anschließend über die doppelte linke Teigseite schlagen. Die Samosa hat nun drei Teigschichten. Die oberen 2 Teigschichten sollen aneinander haften, die darunterliegende sollte lose sein. Die Teigtasche lässt sich nun gut hochnehmen und zu drei Vierteln befüllen. Die Öffnung gut verschließen. Wichtig: Dazu den Teig mit Wasser befeuchten und zusammendrücken.

Nun werden die Samosas in einem Topf mit heißem Öl bei mittlerer Hitze auf jeder Seite goldbraun ausgebacken (rund 2 bis 3 Minuten pro Seite). Tipp: Das Öl hat die richtige Temperatur erreicht, wenn an einem hineingehaltenen Holzstäbchen Bläschen aufsteigen.

Die Samosas mit einem Schaumlöffel oder einer Küchenzange herausnehmen und auf Küchenpapier abtropfen lassen. Heiß mit Tamarinden-Sauce und Minz-Chutney servieren.

KINDERGEBURTSTAG

DAS WETTRÜSTEN ZUM KINDERGEBURTSTAG

In den 1980er Jahren ging Kindergeburtstag so: Etwa zwei Wochen vor der Party wurden Papiereinladungen bei den Kindern abgegeben, auf denen in etwa folgender Text stand:

Liebe Caro,

ich möchte dich herzlich zu meinem
8. Geburtstag einladen.
Wann? Am 2. August um 15 bis 18 Uhr,
mein Papa fährt dich nach Hause.
Wo: Bei uns im Garten
Bitte sag Bescheid, ob du kommst.

Deine Julia

Dann war der Tag endlich da: Die Geschenke wurden überreicht und ausgepackt, während man Kuchen aß, spielte man Stoppessen. Dann gabs Topfschlagen, Schokoladenessen in Winterkleidung, Mohrenkopfwettessen, Mehlschneiden, Schnitzeljagd, Reise nach Jerusalem, Brezelschnappen oder Mumienwickeln. Im Anschluss ein bisschen freies Spiel, vielleicht noch Stopptanz und zum Abschluss die obligatorischen Würstchen und grünen Wackelpudding mit Vanillesoße. Manchmal gabs auch Abschiedstütchen für die Gäste mit einer Mini-Seife oder einem Fläschchen Seifenblasen und Zwei Nimm 2. So weit, so schön. Und unkompliziert.

Heutige Kindergeburtstage verlaufen erfahrungsgemäß etwas anders, was schon damit zusammenhängt, dass aus Gründen der political correctness das Mohrenkopfwettessen entfallen muss. Schaumkusswettessen wäre möglich, aber aufgrund der vielen Nahrungsmittelunverträglichkeiten und der Verachtung von weißem Zucker eher unwahrscheinlich.

Auch das Prozedere rund um die Einladung ist ein anderes: Es ist nicht unüblich, dass schon Monate vor dem Geburtstag unter den betreffenden Eltern per doodle eine Anfrage gestartet wird, ob denn das angedachte Wochenende überhaupt für die Mehrheit der potenziellen Gäste passt. Schließlich sind ja alle immer soooo verplant, und man möchte das Geburtstagskind vor Enttäuschungen in Form von Absagen bewahren. Wenn sich dann ein Datum konkretisiert hat, erhält man als nächstes nicht etwa die Einladung, sondern gut sechs Wochen vor dem Tag X vorsorglich nochmal ein „Save the Date!" per Mail, SMS oder Whatsapp. Sicher ist sicher.

Die Zeit braucht es dann auch, um die entsprechende Einladung zu gestalten. „Do it yourself" ist ja derzeit ein Megatrend, so auch hier. Daher setzt man sich nicht einfach an den Tisch, knickt einen Bogen Buntpapier in der Mitte und malt und schreibt gemeinsam mit dem Kind alle wichtigen Details darauf, sondern auch bei der Gestaltung der Einladung gilt es besonderen ästhetischen Richtlinien zu genügen. Man braucht das „richtige" Papier und die „richtigen" Bastelutensilien, die erst im einschlägigen Fachhandel besorgt werden müssen. Alternativ tuts auch ein Foto des Geburtstagskindes samt Heliumzahlenballon – aber nicht laienhaft mal eben aus der Hüfte selbst geknipst, sondern das arrangierte Fotoshooting beim Profi-Fotografen muss es dann schon sein.

Irgendwann sind dann aber die Einladungen endlich raus – gern inklusive der analogen oder digitalen Geschenkliste mit ganz konkreten Angaben (idealerweise direkte Links) zu den Wünschen des Geburtstagskindes. Eigene Ideen sind bitte vorher mit den Eltern abzusprechen und nicht immer gern gesehen. Sehr praktisch sind in diesem Zusammenhang auch die immer häufiger angebotenen „Geburtstagskisten" im Spielwarenbedarf, in die, ähnlich wie beim Hochzeitstisch, das Kind aus der jeweiligen Abteilung alles, was sein Herz begehrt, reinwerfen kann und die Gäste können sich dann etwas Passendes aussuchen.

Steigt die Party zuhause, steht sie meist unter einem Motto: Piraten, Meerjungfrauen, Spiderman, Einhörner, und bis zu den Muffins ist alles entsprechend durchgestylt. Auch die Gäste werden gebeten, den Dresscode einzuhalten.

Fürchten Eltern diesen Stress und Aufwand, haben sie mittlerweile eine reiche Auswahl an sogenannten Außer-Haus-Geburtstagsangeboten, die nicht nur findige Besitzer von Indoorspielplätzen, Bowlingbahnen oder Kletterhallen geschnürt haben. Längst sind auch Museen und andere Kultur- und Freizeiteinrichtungen dabei und überbieten sich an Rundum-sorglos-Pakten, die sich vor allem an die Eltern richten. Und die danken es ihnen und sind bereit, sich das Einiges kosten zu lassen.

Alternativ kann man auch mehr oder weniger professionelle Eventmanager buchen, die neben Hochzeiten oder Jubiläen längst auch Kindergeburtstage in ihr Repertoire aufgenommen haben – schließlich möchte man schon den Kleinsten die größten Wünsche erfüllen. Das geht jemandem, der übers Jahr hinweg Festivitäten für andere organisiert und plant, zugegebenermaßen wahrscheinlich einfacher von der Hand als normalen Eltern mit mehr oder weniger stressigem Job und Alltag. Vielleicht sind diese Kindergeburtstags-Planer in Zeiten, in denen man haushaltsnahe Dienstleistungen ohne schlechtes Gewissen outsourct – man denke an die Putzhilfe, den Essenslieferanten oder den Bringdienst des Supermarkts – einfach auch nur eine logische Konsequenz. Und mal ganz ehrlich: Mit so einem Profi an der Seite können Eltern den Geburtstag des eigenen Nachwuchses bestimmt endlich auch mal wieder genießen. Und das ist doch eine durchaus verlockende Vorstellung, wie wir zugeben müssen…

SPIELEKLASSIKER FÜR DRINNEN UND DRAUSSEN

Tipp für alle Spiele: Man sollte für alle Kinder möglichst immer das gleiche kleine Präsent parat haben, dann gibt es keinen Streit!

BREZEL SCHNAPPEN

Das braucht man:
Kleine harte Laugenbrezeln
reißfester Faden

Und so geht's:
Die Brezeln werden auf den reißfesten Faden aufgefädelt. Zwei Erwachsene halten die Enden der Schnur so über die Köpfe der Kinder, dass diese die Brezeln maximal mit der Zunge berühren können. Die Kinder stellen sich in einer Reihe auf, nehmen die Hände auf den Rücken und müssen dann versuchen, die Brezeln mit dem Mund zu schnappen. Dabei variieren die Erwachsenen immer wieder die Höhe der Schnur.

EIERLAUF

Das braucht man:
Teelöffel
Plastikeier oder Tischtennisbälle

Und so geht's:
Die Kinder müssen bei diesem Spiel große Geschicklichkeit beweisen. Auf einer vorher festgelegten und markierten Strecke treten immer zwei Kinder gegeneinander an. Sie nehmen den Löffel in den Mund, darauf wird dann das Plastikei gelegt. Dieses darf während des Laufs nicht herunterfallen. Passiert es dennoch, muss der Spieler sofort anhalten und das Ei wieder auf den Löffel legen, bevor er weiterlaufen darf.

Wer zuerst im Ziel ist, hat gewonnen. Bei mehreren Mitspielern kann man auch einen Staffellauf veranstalten.

Der erste Spieler gibt den Löffel und den Ball an den zweiten Spieler weiter, sobald er im Ziel angekommen ist und so weiter.

Varianten:
Sind die Kinder noch recht klein, nehmen sie die Löffel in die Hand. Am besten dann auch Esslöffel und Kartoffeln verwenden, dann wird das Balancieren leichter.

MUMIE WICKELN

Das braucht man:
Günstiges Klopapier

Und so geht's:
Die Kinder bilden Paare, jedes Paar besteht aus einer Mumie und einem Pharao. Jedes Paar erhält eine Rolle Klopapier. Auf ein Kommando muss der Pharao so schnell wie möglich seine Mumie von unten bis oben einwickeln. Dabei soll möglichst keine Kleidung durch die Papierbahnen durchschimmern. Die einzige Lücke ist oben je ein Schlitz für die Augen und den Mund. Wer am schnellsten fertig ist, erhält einen Preis.

REISE NACH JERUSALEM

Das braucht man:
Einen Stuhl weniger als Mitspieler, Musik

Und so geht's:
Wenn zehn Gäste eingeladen sind, braucht man neun Stühle. Diese werden mit dem Rücken zueinander im Kreis aufgestellt. Die Kinder laufen zur

Musik um die Stühle herum. Wenn die Musik plötzlich aussetzt, muss sich jedes Kind schnell einen Stuhl suchen. Das Kind, das keinen Sitzplatz findet, scheidet aus.

Weil jetzt ein Kind weniger mitspielt, wird auch ein Stuhl beiseite gestellt und die nächste Runde kann beginnen. Ein Spielleiter fungiert hier als Schiedsrichter, denn es kann vorkommen, dass zwei Kinder je zur Hälfte auf einem Stuhl sitzen. Diese Runde wird dann ohne Ausscheiden eines Spielers wiederholt. In der letzen Spielrunde sind nur noch zwei Kinder und ein Stuhl übrig. Der Sieger erhält einen kleinen Preis.

SCHNITZELJAGD/SCHATZSUCHE

Das braucht man:
Verschiedene Papierschnipsel mit Aufgaben, die die Kinder erledigen müssen. Dabei führt ein Papierschnitzel zum nächsten. Die zehn Stationen können mit Luftballons oder Stofffetzen markiert sein.

Und so geht's:
Das Spiel kann überall stattfinden – in der Wohnung, im Wald, im Garten, im Hinterhof. Die Strecke bzw. das Gelände, wo die Schnitzeljagd oder die Schatzsuche durchgeführt werden soll, muss vorher genau erkundet werden. Vorsicht bei Straßen, erfahrungsgemäß achten Kinder, die sich auf die Schnitzeljagd/Schatzsuche konzentrieren, nicht auf den Verkehr!

Für Kinder bis maximal sieben Jahre sollte die Schnitzeljagd nicht länger als 30 bis 45 Minuten dauern. Um Pfeile an Bäumen oder auf dem Bürgersteig zu markieren, eignet sich am besten weiße Kreide. Mit schweren Steinen können die Hinweiszettel fixiert werden.

Je kleiner die Kinder sind, umso wichtiger ist es, dass mindestens ein Erwachsener die Gruppe begleitet und die Aufgaben vorliest.

Ausgangspunkt ist eine übersichtlich gestaltete Schatzkarte mit leicht erkennbaren Hinweisen (große Bäume, Sträucher etc.) und deutlichen Richtungspfeilen. Die einzelnen Stationen werden mit Stoffresten oder Luftballons markiert. An jeder Station erwartet die Kinder ein Zettel mit einem Bilderrätsel (z. B.: Wie viele der Ritter, die ihr hier seht, haben ein Schwert?) oder eine Aufgabe (Sammelt zehn weiche und zehn harte Gegenstände im Garten) sowie einem Hinweis auf die nächste Station. An der letzten Station finden die Kinder dann den Schatz mit Schokoladentalern und anderen Kleinigkeiten.

SCHOKOLADE SCHNEIDEN

Das braucht man:
1 Würfel
1 mit Zeitungspapier und Paketschnur dick verpackte und verschnürte Tafel Schokolade
Messer
Gabel

Und so geht's:
Die gut verpackte und verschnürte Schokolade wird in die Mitte des Tisches gelegt. Daneben legt man Messer und Gabel. Die Spieler sitzen um den Tisch und beginnen nun reihum zu würfeln. Jeder Spieler hat genau einen Wurf. Würfelt ein Spieler eine Sechs, muss er schnell Messer und Gabel zur Hand nehmen und versuchen, zunächst die Verpackung zu öffnen und dann ein Stück von der Schokolade abzuschneiden. Jeder, der es schafft, ein Stück abzuschneiden, darf dieses natürlich aufessen.

Der Versuch dauert aber nur so lange, bis ein anderer Spieler eine Sechs gewürfelt hat, dann ist dieser an der Reihe und so weiter.

WIE HEISST DU?
Elise

WIE ALT BIST DU?
4 Jahre alt

IN WELCHEM STADTTEIL WOHNST DU?
In Rödelheim

WAS IST DEIN LIEBLINGSPLATZ IN FRANKFURT?
Die Flohmärkte

WAS IST DEIN LIEBLINGSSPIELZEUG?
Meine Schleich-Einhörner und -feen und die Schaukel in unserem Garten

WAS IST DEIN LIEBLINGSGERICHT?
Lasagne

WAS IST TOLL IN/ AN FRANKFURT?
Dass es so viele verschiedene Spielplätze gibt

WAS FINDEST DU BLÖD IN/AN FRANKFURT?
Dass es so viele Baustellen und so viel Verkehr gibt

Variante:
Man benötigt außer den oben beschriebenen Zutaten zusätzlich noch einen Schal, eine Wintermütze und dicke Erwachsenenhandschuhe. Würfelt ein Spieler eine Sechs, muss er zuerst Handschuhe, Schal und Mütze anziehen, bevor er mit dem Schneiden beginnen darf. Würfelt ein anderer Spieler eine Sechs, zieht der erste alles schnell aus und überreicht es dem anderen etc. Am Ende des Spieles wird die restliche Schokolade auf alle Kinder aufgeteilt.

STOPPTANZ

Das braucht man:
Musik, eine größere Freifläche

Und so geht's:
Bei diesem Spiel geht es um Reaktion und Körperbeherrschung. Sobald die Musik anfängt, dürfen alle Kinder tanzen und zappeln, so viel sie wollen. Nach einer gewissen Zeit drückt ein Erwachsener die Pausetaste und alle Kinder müssen ganz still in ihrer aktuellen Position verharren, ganz egal, wie sie gerade stehen. Sie dürfen sich so lange nicht bewegen, bis die Musik wieder spielt. Wackelt ein Kind oder fällt es gar um, scheidet es aus. Das Spiel geht so lange weiter, bis nur noch ein Kind übrig ist.

TOPFSCHLAGEN

Das braucht man:
Topf, Kochlöffel, Schal, Süßigkeiten oder Kleinigkeiten als Überraschung

Und so geht's:
Dem ersten Spieler werden die Augen verbunden und er nimmt den Kochlöffel in die Hand.

Dann wird er einige Male um die eigene Achse gedreht, damit er die Orientierung im Raum verliert.

In der Zwischenzeit verstecken die anderen Mitspieler den Kochtopf, unter dem sie einen Preis verstecken.

Der Spieler geht auf alle Viere und beginnt, mit dem Kochlöffel klopfend im Raum den Kochtopf zu suchen. Die anderen Kinder helfen ihm durch Hinweisrufe wie „kalt" (= weit weg) „noch kälter" (= noch weiter weg), „eisigkalt" (= sehr weit weg) oder „wärmer" (= näher dran), „noch wärmer" (= noch näher dran), „heiß" (= ganz nah dran), den Topf zu finden. Eigentlich muss man also nur den Anweisungen der anderen Kinder folgen – mit verbundenen Augen ist dies aber erfahrungsgemäß gar nicht so leicht. Hat es den Topf gefunden und mit dem Kochlöffel darauf geklopft, darf es die Augenbinde entfernen, den Topf umdrehen und das kleine Geschenk an sich nehmen. Danach kommt der nächste Spieler dran.

ZEITUNGSTANZ

Das braucht man:
So viele Doppelbögen Zeitungspapier wie Kinder eingeladen sind, Musik

Und so geht's:
Jedes Kind erhält einen Doppelbogen Zeitungspapier, den es ausgebreitet auf den Boden legt und sich darauf stellt. Sobald die Musik erklingt, tanzen alle Kinder auf ihrer Zeitung. Wichtig: Man darf sich nur auf der Zeitung bewegen und nicht übertreten, ansonsten scheidet der Tänzer aus. Hört die Musik auf, faltet man seine Zeitung in der Hälfte. So geht es immer weiter. Je kleiner die Zeitung gefaltet wird, desto schwieriger wird das Tanzen. Es scheiden immer mehr Kinder aus, bis zum Schluss der beste Tänzer übrig bleibt.

GEBURTSTAG AUSSER HAUS

RÄUME MIETEN

Manchmal will man einfach nicht in den eigenen vier Wänden feiern. Dann ist es toll, wenn es Alternativen gibt. So bieten etwa das **Nachbarschaftszentrum Ostend** (Waldschmidtstr. 39, Tel.: 069 439645, www.nbz-ostend.de) oder das **Nachbarschaftszentrum Ginnheim** (Ginnheimer Hohl 14, www.nbz-ginnheim.de, Tel.: 069 53056679) die Möglichkeit, die Räumlichkeiten für einen Kindergeburtstag anzumieten. Ebenfalls eine tolle Feiermöglichkeit ist das Zentrum **Familie im Haus der Volksarbeit** (Eschenheimer Anlage 21, Tel.: 069 1501138, www.hdv-ffm.de). Übrigens: Auch die Spielmobile des Vereins Abenteuerspielplatz Riederwald kann man mieten. Anfragen direkt an die Abteilung **Spielmobile** (Telefon 069 40804742 oder E-Mail an: info@abenteuerspielplatz.de).

MUSEEN

(vorherige Anmeldung immer erforderlich!)

Archäologisches Museum
Karmelitergasse 1, Tel.: 069 21235896, www.archaelogisches-museum.frankfurt.de
Historische Themen sind alles andere als langweilig! Für den Geburtstagsworkshop stehen die verschiedensten Themen zur Auswahl, etwa die Steinzeit oder die römische und griechische Zeit, oder man wird Zeitgenosse von „Karl dem Großen".
Für Kinder ab 8 Jahre

Bibelhaus Erlebnis Museum
Metzlerstr. 19, Tel.: 069 66426525, www.bibelhaus-frankfurt.de
Das Geburtstagskind begibt sich zusammen mit seinen Gästen auf eine Zeitreise in die Geschichten der Bibel und besucht etwa das Wohnzimmer von Abraham und Sara, untersucht das Leben am See Genezareth

oder wandelt mit der sprechenden Öllampe „Luxi-Lux" auf den Spuren der Archäologen.
Für Kinder zwischen 5 und 14 Jahren

Deutsches Architektur Museum
Schaumainkai 43, Tel.: 069 21238844, www.dam-online.de
Das Geburtstagskind kann mit maximal elf Freunden feiern. Das Programm dauert (inklusive Kuchenpause) etwa zweieinhalb Stunden. Während dieser Zeit können die kleinen Architekten nach Herzenslust und je nach gewähltem Thema mit den unterschiedlichsten Materialien ihre Traumschlösser und Wolkenkuckucksheime planen und bauen.
Für Kinder ab 6 Jahre

Deutsches Filmmuseum
Schaumainkai 41, Tel.: 069 961220223, www.deutsches-filmmuseum.de
Eine kurze Führung durch die Ausstellung und ein Workshop bieten ein spannendes Programm für die Geburtstagsgesellschaft. In der Filmwerkstatt kann gar ein eigener Trickfilm mit zuvor selbstgebauten Figuren produziert werden.
Für Kinder ab 8 Jahre

DialogMuseum
Hanauer Landstr. 145, Tel.: 069 90432144, www.dialogmuseum.de
Ein Museum, das keine Sammlung ausstellt? Eine Ausstellung in der es nichts zu sehen gibt? Bei diesem „Dunkelabenteuer" haben die Kinder viel Spaß und erhalten viele neue Sinneseindrücke in einer ihnen eigentlich wohlbekannten Welt. Ein spannender Geburtstag, den die Gästeschar nicht so schnell vergessen wird!
Für Kinder von 7 bis 13 Jahren

Eintracht Frankfurt Museum
Mörfelder Landstr. 362, Tel.: 069 95503275, www.eintracht-frankfurt-museum.de
Den Kindergeburtstag im Eintracht Frankfurt Museum zu feiern ist für jeden kleinen Fußballfan das Größte. Hier sieht man nicht nur die größten Schätze der Eintracht, sondern man geht auch gemeinsam ins Stadion. Anschließend gibt's noch Spaß und Spiel, Würstchen und Getränke.
Für Kinder ab 5 Jahre

Experiminta

Hamburger Allee 22–24, Tel.: 069 71379690, geburtstage@experiminta.de, www.experiminta.de

Weil die Geburtstage in der Experiminta immer eine Attraktion sind, sind die Termine stark nachgefragt. Es gibt je nach Alter und Interessen der Kinder speziell konzipierte geführte Geburtstagstouren und Mitmach-Aktionen. Kindergeburtstage in englischer Sprache sind ebenfalls möglich.
Für Kinder von 6 bis 13 Jahren

Historisches Straßenbahnmuseum

Rheinlandstr. 133, Tel.: 069 21323131, www.hsf-ffm.de

Auch hier können die Kinder spannende Erkundungen machen und an Originalobjekten erfahren, wie Oma und Opa noch Straßenbahn gefahren sind oder wie die Bahnen fuhren, als es noch keinen Strom gab. Es gibt eine Kinderfahrschule, und wer möchte, darf auch Schaffner spielen – und das sogar in Uniform.
Für Kinder ab 5 Jahre

Jüdisches Museum

Untermainkai 14, Tel.: 069 21235000, www.juedischesmuseum.de

Das Jüdische Museum wird in den nächsten Jahren inhaltlich und baulich erweitert und erneuert. Dies ist mit einer vollständigen Neugestaltung der Dauerausstellung in den beiden Häusern des Museums verbunden: Im Museum Judengasse, Battonnstrasse 47 (www.museumjudengasse.de), wird die Zeit vor 1800 und ab 2018 im Rothschildpalais die Zeit danach präsentiert. Das pädagogische Programm geht trotz Schließung des Jüdischen Museums weiter. Das offene Kinderprogramm findet mit neuen spannenden Angeboten im Museum Judengasse statt. Bei den Kinderworkshops werden Fragen zum Judentum spielerisch und auf vielfältige Weise beantwortet, jüdisches Leben und jüdische Kultur mit allen Sinnen erlebt.
Für Kinder ab 6 Jahren

Kindermuseum

An der Hauptwache 15, Tel.: 069 21235154, www.kindermuseum.frankfurt.de

Der eigene Geburtstag ist immer sehr aufregend und toll und überhaupt der schönste

WIE HEISST DU?
David

WIE ALT BIST DU?
Ich bin 7 Jahre alt

IN WELCHEM STADTTEIL WOHNST DU?
In Unterliederbach

WAS IST DEIN LIEBLINGSPLATZ IN FRANKFURT?
Der Zoo

WAS IST DEIN LIEBLINGSSPIELZEUG?
Mein Kletterbaum und das Trampolin und Lego

WAS IST DEIN LIEBLINGSGERICHT?
Grüne Soße mit Eiern und Kartoffeln

WAS IST TOLL IN/AN FRANKFURT?
Unser Fußballstadion

WAS FINDEST DU BLÖD IN/AN FRANKFURT?
Dass der Europapark so weit weg ist

Tag im Jahr. Das Kindermuseum bietet hierfür die Alternative zwischen Tortenschlacht und Blindekuh an: Partys, die zwischen zwei und drei Stunden dauern und für jedes kreative und handwerkliche Talent das Richtige bieten.
Für Kinder zwischen 6 und 10 Jahren

Liebieghaus Skulpturensammlung
Schaumainkai 71, Tel.: 069 6050980, www.liebieghaus.de
Wie entsteht eine Skulptur? Warum heißt ein Museum eigentlich so und was genau ist eigentlich mit dem „Faden der Ariadne" gemeint? Das sind nur ein paar der Fragen, mit denen man sich während der Geburtstagsparty beschäftigen kann. Außerdem werden die Kinder in den Ateliers auch selbst künstlerisch tätig und können verschiedene Techniken ausprobieren.
Für Kinder ab 4 Jahre

Minischirn
Römerberg, Tel.: 069 299882112, www.schirn.de/minischirn
Die Minischirn ist ein kreativer Erlebnis- und Erfahrungsraum für Kinder von drei bis acht Jahren, in dem sich die Kinder ganz bewusst ohne die Eltern auf Entdeckungstour begeben können und dabei nebenbei und spielerisch die Grundlagen ästhetischer Bildung kennenlernen.
Für Kinder ab 3 Jahre

Museum für Angewandte Kunst
Schaumainkai 17, Tel.: 069 21231286, www.museumangewandtekunst.de
Bei den Workshops werden die Kinder selbst kreativ: Ob Pappmöbelbauen, Marmorierwerkstatt oder Gestalten mit Keramik, die Bandbreite ist groß. Im Anschluss an die Workshops kann die Party im Geburtstagsraum noch weitergefeiert werden.
Für Kinder ab 5 Jahre

Museum für Kommunikation
Schaumainkai 53, Tel.: 069 60600, www.mfk-frankfurt.de
Die verschiedenen Angebote zum Mitmachen heißen u. a. „Agentenwerkstatt", „Museumsdetektive", „Sprechblasen" oder „Game-Design" und beschäftigen sich immer mit den vielfältigen Wegen der Kommunikation. Je nach Thema erfährt man aber auch, wie man Geheimtinte herstellt oder die Partyschar entwickelt ein eigenes Videogame.
Für Kinder ab 4 bis 14 Jahren

Museum für Moderne Kunst
Domstraße 10, Tel.: 069 21240691, www.mmk-frankfurt.de
Eine Geburtstagsparty ohne Torte ist für die meisten unvorstellbar! Wie wäre es aber statt der Torte auf dem Teller mal mit einer Feier im Tortenstück? So der Spitzname des MMK. Ob Theater oder Malexperimente – im Mittelpunkt der verschiedenen Geburtstagsangebote steht das gemeinschaftliche Kunsterlebnis.
Für Kinder ab 6 Jahre

Museum Giersch
Schaumainkai 83, Tel.: 069 13821010, www.museum-giersch.de
Hier können die Geburtstagsgäste nicht nur die Kunstwerke der aktuellen Ausstellung, die schöne Museumsvilla am Mainufer und im Sommer auch den Museumsgarten entdecken, sondern werden im Anschluss selbst zu kleinen Künstlern. Am Ende gibt es dann sogar noch eine Ausstellung der eigenen Kunstwerke!
Für Kinder von 5 bis 10 Jahren

Naturmuseum Senckenberg
Senckenberganlage 25, Tel.: 069 75421357, www.senckenberg.de
Beim Kindergeburtstag im Senckenbergmuseum hat man die Qual der Wahl: Man kann etwa eine Führung buchen, deren Thema sich das Geburtstagskind ganz allein aussuchen darf. Oder man entscheidet sich für den Dinosauriergeburtstag, der auch mit einem Rundgang startet und dann in die Dinosaurier-Werkstatt führt, wo die Kinder als Dinos geschminkt werden und ihre eigenen Dinos basteln können.
Für Kinder von 5 bis 12 Jahren

Schirn Kunsthalle
Römerberg, Tel.: 069 299882112, www.schirn.de
Auch hier gibt es einen Ausstellungsrundgang und im Anschluss einen Workshop. Dazu Kunst so weit das Auge reicht und natürlich jede Menge interessante Fakten.

Kuchen und Getränke nicht vergessen und natürlich jede Menge Spaß!
Für Kinder von 6 bis 10 Jahren

Städel Museum
Schaumainkai 63, Tel.: 069 605098200,
www.staedelmuseum.de
Keine Frage: Kinder sind wahre Entdecker und kreative Köpfe. Daher ist ein Kindergeburtstag im Städel genau das Richtige! Im Anschluss an eine Führung können die Kinder selbst in den Ateliers kreativ werden.
Für Kinder ab 4 Jahre

Struwwelpeter-Museum
Schubertstr. 20, Tel.: 069 747969,
www.struwwelpeter-museum.de
Die Kinder lernen hier auf unterschiedliche Weise das Museum kennen. Der Klassiker für alle Altersgruppen ist die Mitmachführung „Paulinchen und Co", die Museumsrallye „Der Schatz des Fliegenden Robert" richtet sich an Kinder ab sechs, hochspannend für die Großen ab 10 ist „Das gestohlene Struwwelpeter-Manuskript" und ganz neu die „Hanns-Guck-in-die Luft-Rallye".
Für Kinder zwischen 5 und 10 Jahren

Weltkulturenmuseum
Schaumainkai 29–37, Tel.: 069 21245115,
www.weltkulturenmuseum.de
Die Themen für die Geburtstagsparty heißen „Forscherexpedition", „Gegenstand Maske", „Tierhelden aus aller Welt" oder „Ist die Liebe rot und die Hoffnung grün?" Ausgehend von der Sammlung zum Anfassen gestalten die Kinder unter anderem Masken, sie batiken oder stellen ihre eigene Matchbox-Kamera her.
Für Kinder ab der Vorschule

WIE HEISST DU?
Robby

WIE ALT BIST DU?
9

IN WELCHEM STADTTEIL WOHNST DU?
Westend

WAS IST DEIN LIEBLINGSPLATZ IN FRANKFURT?
Blau-Gelb

WAS IST DEIN LIEBLINGSSPIELZEUG?
Die PlayStation

WAS IST DEIN LIEBLINGSGERICHT?
Überbackene Nudeln

WAS IST TOLL IN/AN FRANKFURT?
Nichts

WAS FINDEST DU BLÖD IN/AN FRANKFURT?
Dass es dort Schulen gibt

AKTIV

Tauchshop Frankfurt
Wächtersbacher Str. 83, Tel.: 069 612670, www.aquanaut.de
Ein Erlebnis zum Luftanhalten: Eine Geburtstagsparty unter Wasser! Mit ausgebildetem Tauchlehrer, Profi-Tauchausrüstung, und allem, was zum echten Taucherlebnis dazugehört. Voraussetzung: Die Kinder müssen schwimmen können. Und dann geht's ab ins Schwimmbad.
Für Kinder ab 8 Jahre

Bäderbetriebe Frankfurt
Infocenter: 069 2710891010, www.bbf-frankfurt.de
Dass auch das Rebstockbad, das Panoramabad, das Schwimmbad Höchst oder die Titus Thermen die Möglichkeit bieten, Kindergeburtstag zu feiern, ist schon lange kein Geheimnis mehr! Egal ob Sommer oder Winter: Man ist unabhängig von den Jahreszeiten und die Kinder sind körperlich aktiv und haben jede Menge Spaß. Ein 40-minütiges Animationsprogramm ist optional dazubuchbar.
Für Kinder von 6 bis 15 Jahren

Boulderwelt Frankfurt
August-Schanz-Str. 50, Tel.: 069 95416560, www.boulderwelt-frankfurt.de
In der Kinderwelt, dem separaten Kinderbereich, gibt es nicht nur bunt gestaltete Kletterwände, einen Dschungel und einen Märchenturm – immer mit lustig-bunten, kindgerechten Griffen –, sondern die Kinder haben neben dem Klettern auch die Möglichkeit, einfach so herumzutollen. Das Ausleihen der Kletterschuhe ist bei den Geburtstags-Arrangements inklusive.
Für Kinder ab 5 Jahre

Bowlingworld Eschersheim
Berkersheimer Weg 104, Tel.: 069 522207, www.bowlingworld.de
Entspannte Eltern und ausgelassene Kids, eine kindgerechte Bowlingbahn, jede Menge Spaß und leckere Snacks. Bleibt nur die Frage: Wer wird der Bowling-König? Natürlich das Geburtstagskind. Oder?!
Für Kinder bis 14 Jahre

jumicar

August-Schanz-Str. 24–26, Tel.: 069 56995140, www.jumicar-frankfurt.de

Hier werden Träume von kleinen Rennfahrern wahr: Die Kinder dürfen in echten, motorbetriebenen Sportwagen, Oldtimern oder Jeeps im Kleinformat unter realistischen Bedingungen selbst fahren. Einen Kinderführerschein kann man übrigens auch machen!

Für Kinder ab 6 Jahre

Kinderzirkus Zarakali

Platenstr. 79 z, Tel.: 069 56807911, www.zarakali.de

Kinder und Zirkus, das ist eine heiße Liebe. Warum also nicht gleich dort mal den Geburtstag feiern? Im Zelt oder auf dem Gelände, für jede Anzahl von Kindern gibt es das passende Angebot. Während der Workshops darf das Geburtstagskind mit seinen Freunden Einrad, Stelzen und das Jonglieren ausprobieren. Und ganz Mutige dürfen sogar aufs Trapez. Applaus!

Für Kinder ab 6 Jahre

Naturindianer Frankfurt

Tel.: 0177 6028163, www.naturindianer-kids.de

Wie wäre es mal mit einem richtig abenteuerlichen Geburtstag draußen in der Natur? Gemeinsam mit einem Pädagogen erlebt man nicht nur die jeweilige Jahreszeit, sondern ein regelrechtes Abenteuer. Ob im Park vor der Haustür, im Stadtwald oder auf einer wilden Brachfläche: Naturwunder kann man überall entdecken.

Für Kinder von 5 bis 10 Jahren

T-Hall Kletteranlagen GmbH

Vilbeler Landstr. 7, Tel.: 069 94219381, www.t-hall.de

Hier können die Kinder ihren Geburtstag in der dritten Dimension feiern. Alles, was man braucht, sind saubere Hallenturnschuhe und sportliche Kleidung. Zunächst wird unter professioneller Aufsicht geklettert, dann können sich die Kids selbst so richtig auspowern. Nach 1,5 Stunden steht dann im Bistro ein gedeckter Geburtstagstisch zur Stärkung bereit.

Für Kinder ab 8 Jahre

Tolliwood-Abenteuerland

Victor-Slotosch-Str. 18, Tel.: 06109 249484, www.tolliwood.de

Das Indoor-Kinderparadies bietet alles, was man sich nur wünscht: eine Mini-Kartbahn, Riesenrutschen, Hüpfburgen und Wabbelberge, ein Kletter-Labyrinth und, und, und …

Für Kinder von 2 bis 12 Jahren

EINBLICK

Ebbelwei-Express

Stadtwerke-Verkehrsgesellschaft, Kurt-Schumacher-Str. 10, Tel.: 069 21322425, www.ebbelwei-express.de

Einmal mit dem lustig bemalten Ebbelwei-Express quer durch Frankfurt zu tuckern, ist ein ganz besonderer Spaß – nicht nur für die Kinder und nicht nur am Geburtstag. Während man an zahlreichen Frankfurer Sehenswürdigkeiten vorbeikommt, schnabuliert man Salzbrezeln und Apfelsaft. Die Mindestmietdauer beträgt zwei Stunden.

Für Kinder ab 0 Jahre

Frankfurter Flughafen

E-Mail: rundfahrten@fraport.de oder Tel.: 069 69070291

Für technisch interessierte Kinder ist diese Busrundfahrt zwischen Jumbos auf dem Vorfeld eine absolute Sensation! Staunende Kinderaugen und plattgedrückte Nasen an den Scheiben des Rundfahrten-Busses sind garantiert.

Für Kinder bis 12 Jahre

Grüne Schule Palmengarten

Siesmayerstr. 61, Tel.: 069 21233391, www.palmengarten.de

Wie wäre es, zum Geburtstag mal nach Australien zu reisen, einen Bumerang zu basteln und in die faszinierende Pflanzenwelt des Fünften Kontinents einzutauchen? Die lange Anreise entfällt zum Glück, denn das Angebot kommt von der Grünen Schule im Palmengarten. Auch toll: Die „Kakaowerkstatt", in der die Kinder etwa selbst eine Schokocreme herstellen.

Für Kinder ab 5 Jahre

Ponyland Frankfurt

Wallfahrtsweg, Tel.: 0177 6303636,
Das Glück dieser Erde liegt für viele Mädchen (und Jungs) auf dem Rücken der Pferde. Und so wird mit einer Geburtstagsparty im Ponyland in Bergen-Enkheim ein Herzenswunsch wahr: Die Kinder dürfen die kinderlieben Pferdchen putzen, bürsten, knuddeln und natürlich reiten.
Für Kinder im Alter von 3 bis 10 Jahren

Reiter- und Lernbauernhof Ponyzwerge Sindlingen e. V.

Nähe Okriftler Str. 75,
www.islandpferde-sindlingen.de
Der Reiter- und Lernbauernhof Ponyzwerge Sindlingen e. V. betreibt einen Kinderlernbauernhof und eine pädagogische Reitschule für Kinder ab drei Jahren. Hier erhalten Tiere den Lebensraum, den sie brauchen, und Menschen haben die Chance, miteinander und mit den Tieren in Kontakt zu treten und sich in der Natur zu bewegen. Der gemeinnützige Verein bietet verschiedene Mottogeburtstage für Kinder an.
Für Kinder ab 4 Jahre

StadtWaldHaus

Isenburger Schneise, Tel.: 069 683239,
www.stadtwaldhaus-frankfurt.de
Das StadtWaldHaus ist eine der Lernstationen im Frankfurter GrünGürtel. Hier erfahren die Kinder während einer spielerischen Führung einiges über den Wald und seine Bewohner. Interessant ist auch ein Besuch in der auf dem Gelände ansässigen Tierauffangstation für verunfallte Wildtiere oder des Geheges mit verschiedenen im Stadtwald vorkommenden Wildtierarten.
Für Kinder ab 4 Jahre

Zoo Frankfurt

Bernhard-Grzimek-Allee 1, Tel.: 069 21236952
www.zoo-frankfurt.de
Hier dreht sich alles um die Lieblingstiere des Geburtstagskinds. Bei der etwa einstündigen individuellen Führung erfährt man Spannendes über die Tiere und deren Lebensraum und Vorlieben. Unabhängig von der Führung kann natürlich auch der restliche Geburtstag im Zoo verbracht werden.
Für Kinder ab 5 Jahre

KREATIV

Atelier Pishpesh

Im Geeren 90, Tel.: 0171 9567285,
www.pishpesh.de
Ob Malen oder Basteln – die Auswahl an originellen Ideen ist hier fast unendlich. Je nach Kindesalter, Programmdauer und Interesse kann der Kreativteil gern auch mal 1,5 bis 2,5 Stunden dauern. Wer mag, kann außerdem noch Glitzertattoos dazubuchen.
Für Kinder ab 3 Jahre

Basti-Bus

Tel.: 02173 9404480 oder 01578 6949698,
E-Mail: info@basti-bus.de, www.basti-bus.de
„Der Basti-Bus kommt!" Mit diesem Ruf wird die rollende Kinderwerkstatt immer lauthals begrüßt. Bis zu 15 Kinder können hier nach Herzenslust werken, fädeln und malen. Ganz neu ist auch der Näh-Basti-Bus, in dem Taschenrohlinge individuell dekoriert werden dürfen.
Für Kinder von 4 bis 12 Jahren

Coloria

Eschersheimer Landstr. 86,
Tel.: 069 95509798, www.coloria.de
Einen der zahlreichen Keramikrohlinge ausgesucht und los geht's. Hier können sich Kinder kreativ ausleben. Spontanes Malen auf Keramik, Keramik-Malkurse, Töpferkurse und vieles mehr gibt es bei Coloria. Beim spontanen Malen steht stets eine Kunstlehrerin für Fragen zur Seite. Nach dem Malen kümmern sich die Kollegen im Brennraum um die Keramiken. Hier werden diese getrocknet, glasiert und letztlich gebrannt. Auch vergnügliche Kindergeburtstage kann man im Coloria ausrichten.
Für Kinder aller Altersgruppen

Coloridinotte Schwarzlichttheater

Tel.: 069 702000, www.coloridinotte.de
Hände schweben durch die Luft, dann erscheint wie aus dem Nichts ein Gespenst. Einfach magisch, was hier passiert! Das Team kommt mit dem Schwarzlichttheater nach Hause und sorgt für einen verzauberten Nachmittag – mitmachen ist ausdrücklich erwünscht!
Für Kinder von 6 bis 12 Jahren

Die Kinderküche

**Arnsburger Str. 41, Tel.: 069 43003078,
www.diekinderkueche.de**
Zuerst gibt's Geburtstagskuchen an der
bunt gedeckten Tafel und alle stellen sich
vor. Dann kriegt jedes Kind eine Kochmütze,
die es bunt bemalen darf. Und dann geht's
richtig los: Alle Kinder schnippeln, schälen,
pürieren und kochen. Zum Schluss wird das
von der Gruppe zubereitete Geburtstagsge-
richt gemeinsam verspeist.
Für Kinder ab 6 Jahre

Frankfurter Puppentheater

**Sindlinger Bahnstr. 124, Tel.: 069 495973,
www.kasper3757.beepworld.de**
Wie wäre es mal mit Puppentheater zuhau-
se? Thomas Szymanski kommt mit seinen
selbstgefertigten Handpuppen, Stabpuppen,
Wankelpuppen oder Tischmarionetten samt
Bühne und erzählt von kleinen und großen
Abenteuern. Schließlich weiß er, wie man ein
kleines Publikum in seinen Bann zieht.
Für Kinder ab 3 Jahre

Galli Theater

**Hamburger Allee 45, Tel.: 069 97097152,
www.galli.de**
Was für ein Theater! Und zwar ein selbst
vorgeführtes, das sich die Geburtstagsgäste
zuvor in einem Workshop selbst erarbeitet
haben. Alternativ kann auch ein Theater-
besuch mit anschließendem Workshop, in
dem das gesehene Stück nachgespielt wird,
kombiniert werden.
Für Kinder ab 2 Jahre

Kunstschule Himbeerblau

**Tel.: 069 13394121,
www.himbeerblau-kunstgarten.de**
Sinnlich, kreativ und vor allem farbenfroh
sind die künstlerischen Entdeckungsreisen,
Malerlebnisse und künstlerischen Spiele.
Diese finden entweder beim Geburtstagskind
zuhause oder an einem Ort nach Wahl in
Frankfurt statt.
Für Kinder ab 2 Jahre

Little Artists Kids Craft Club

**Hansteinstr. 4, Tel.: 0173 3902041,
www.little-artists.de**
Die Kinder lernen bei den Geburtstagsnäh-
kursen von Rachel McCann von Hand mit

WIE HEISST DU?
Jeremy Oscar Stark

WIE ALT BIST DU?
Ich bin 8 Jahre alt

IN WELCHEM STADTTEIL WOHNST DU?
In Praunheim

**WAS IST DEIN LIEBLINGSPLATZ IN
FRANKFURT?**
Mein Lieblingsplatz ist meine Schule
„Ebelfeldschule"

WAS IST DEIN LIEBLINGSSPIELZEUG?
Playmobil, Autos und Lego

WAS IST DEIN LIEBLINGSGERICHT?
Meine Lieblingsgerichte sind überba-
ckene Koteletts und gebratener Reis mit
Hähnchen

WAS IST TOLL IN/AN FRANKFURT?
Das man viele historische Fundsachen
gefunden hat, die man sich auch anse-
hen kann

**WAS FINDEST DU BLÖD IN/AN
FRANKFURT?**
Dass die meisten Baustellen so lange
dauern

der Nadel zu nähen. Gearbeitet wird mit Filz, da er leicht zu verarbeiten ist und die Kinder schnell schöne Ergebnisse erzielen, auf die sie mächtig stolz sind. Womit bewiesen wäre: Handarbeit macht Spaß!
Für Kinder ab 6 Jahre

Paint your Style
Leipziger Str. 81, Tel.: 069 27244253, www.paintyourstyle.de
Die Geburtstagspartys dauern bis zu zwei Stunden, vorher bekommen die Kinder eine kurze Maleinweisung, und dann geht's auch schon ran an den Keramik-Rohling! Wer lieber zuhause malen möchte, für den ist der Partykorb die Alternative. Darin enthalten ist alles, was man für die Malparty benötigt.
Für Kinder ab 7 Jahre

Sternstunden Malort
Germaniastr. 46, Tel.: 0178 8023196, www.sternstunden-malort.de
Jeder zieht einen Malkittel an, pinnt ein großes Blatt Papier an die Wand und dann geht's los: Malen nach Lust und Laune, ohne inhaltliche Vorgaben, Abmalen oder Kritik. Vielmehr folgt man dabei seiner „inneren" Spur – einfach, weil Malen wunderschön ist und Spaß macht.
Für Kinder ab 5 Jahre

MOTTO-PARTYS

Ene Mene Kiste
Rebstöcker Weg 20, Tel.: 0173 4498547, www.enemenekiste.de
Hier werden nicht nur Themenkisten mit den unterschiedlichsten Utensilien für die perfekte Geburtstagsparty verliehen, sondern es gibt auch tolle Animationsprogramme wie den „Beauty Day", die „Kinderolympiade" oder eine „GPS-Schatzsuche". Ebenfalls im Angebot: Das mobile Kaspertheater samt Luftballon-Modellage.
Für Kinder ab 3 Jahre

Kinderfest Frankfurt
Homburger Landstr. 197, Tel.: 069 95419791, www.kinderfest-frankfurt.de
Von Puppentheater, Mottopartys, Kinderschminken, Luftballonmodellage bis hin zu

Bastelaktionen und Spielen wird hier alles für die perfekte Feier organisiert. Je nach gewählten Themen dauert die Party dann ein bis drei Stunden.
Für Kinder ab 3 Jahre

Little Star Events GmbH
Ginnheimer Landstr. 167, Tel.: 069 66965716, www.frankfurt-kindergeburtstag.de
Mottopartys sind „in". Die Agentur „Little Star Events" begleitet seit über 12 Jahren kleine oder größere Stars am Kindergeburtstag. Ob Ritter, Prinzessin oder Schatzjagd, hier ist für jeden Geschmack etwas dabei – Kostüme inklusive! Während sich das erfahrene Team um alles kümmert, können die Eltern entspannen.
Für Kinder ab 2 Jahre

Pepelou
Kleine Hochstr. 8, Tel.: 069 47869699, www.pepelou.de
Beim Kinderfriseur wird der Geburtstag auf jeden Fall ziemlich stylish. Mädchen (und auch Jungs) lassen sich hier einen neuen Look verpassen, mit einer speziellen Mani- oder Pediküre verwöhnen, laufen über den Roten Teppich oder verschwinden bei der „Pyjama-Pary" nach Ladenschluss im Backstage-Bereich.
Für Kinder ab 6 Jahre

TOLLE TORTEN

Bäckerei Kronberger
Vogelsbergstr. 19, Tel.: 069 431585
Hier gibt es nicht nur die stadtbekannt guten Baguettes für die man am Wochenende auch mal langes Schlangestehen ohne Murren in Kauf nimmt, sondern auch feine Kuchen und Törtchen. Diese werden für spezielle Anlässe nach Kundenwunsch abgeschmeckt und dekoriert.

Conditorei Eube
Leipziger Str. 31, Tel.: 069 772952, www.conditorei-eube.de
In der Bockenheimer Konditorei der alten Schule gehören Figuren-Torten zum täglichen Geschäft. Die stadtbekannten Motiv-Torten wie der lustige Marienkäfer, „Hello-

Kitty" oder „Sponge-Bob" gibt's auch ohne Vorbestellung. Damit steht auch einer ganz spontanen (Kinder-)Party nichts im Wege.

Confiserie Amendt
Hügelstr. 177, Tel.: 069 524647,
www.konditorei-amendt.de
Ob Geburtstag, Jahrestag oder Jubiläum – hier erhält man süße Leckereien für jeden Anlass. Dazu gibt's süßes und herzhaftes Feingebäck aller Art, hergestellt nach alten Rezepten und in bester handwerklicher Tradition.

Confiserie Graff
Reichsburgstr. 12, Tel.: 069 78904861,
www.confiserie-graff.de
Ohne Geburtstagskuchen kann das Rahmenprogramm noch so toll sein – es fehlt etwas! Zum Glück weiß die Rödelheimer Konditormeisterin Regina Graff hier Rat. Ob Motto-Torte, besondere Form oder ein spezielles Dekor: Sie macht auf Vorbestellung (fast) alles möglich. Besonders beliebt bei Kindern sind auch ihre kunterbunten „Kuchen am Stiel".

Dunkin Donuts
Zeil 94a, info@dunkindonuts-rheinmain.de,
www.dunkin-donuts.de
Ob Donuts in allen Farben des Regenbogens, Muffins, Brownies, Fancies, Munchkins oder Dunclairs, hier gibt es die heiß begehrten amerikanischen süßen Bomben. Oder, wer es

lieber herzhaft mag, auch Bagels. Auf Wunsch gemixt in praktischen Partyboxen.

Konditorei Jamin
Schweizer Str. 54a, Tel.: 069 615619,
www.jamin-frankfurt.de
Mit viel Liebe zum Detail werden hier die süßen Kreationen aus natürlichen und frischen Zutaten gefertigt. Ob Torten, Petits Fours, Cup Cakes oder verzierte Cookies, hier gibt es Ideen für jeden Geschmack.

Rausch's Konditorei & Bäckerei
Wiesenstraße 30, Tel.: 069 461091,
www.rauschs-konditorei.de
Seit ihrer Gründung im Jahr 1898 backt Rausch's Konditorei & Bäckerei Brot und Kuchen von Hand. Dafür werden ausschließlich natürliche und selbstgemachte Zutaten verwendet. Ob für Mädchen oder Jungs, im Herzen Bornheims bietet Rausch's eine Auswahl unterschiedlichster Torten mit schönen und individuellen Motiven für den Kindergeburtstag an.

SchokoLädchen
Kaiserstr. 17 (Am Frankfurter Hof),
Tel.: 069 15392472, www.schokolaedchen.de
Hier ist jede Torte ein Unikat, hergestellt nach Kundenwunsch und -geschmack. Dazu gibt's jede Menge handgemachte Trüffel, Pralinen und handgeschöpfte Schokoladen aus frischen, feinen Zutaten.

WINTER: GEBRANNTE MANDELN

Was das Schönste am Weihnachtsmarkt ist? Die Lichter, der Budenzauber, das Karussell? Ganz schön schwierig zu beantworten... Das Beste sind zweifelsohne die gebrannten Mandeln! Und mit diesem Rezept gelingen sie sogar zuhause. Hmmmmm!

Du brauchst dafür:
100 ml Wasser
200 g feiner Zucker
200 g ungeschälte Mandeln
1 EL Vanillezucker
½ TL Zimt
1 Prise Salz (sie verstärkt den Geschmack des karamellisierten Zuckers)
Beschichtete, tiefe Pfanne
Kochlöffel
Pfannenwender
Blech mit Backpapier
Sonnenblumenöl
Pinsel

Und so geht's:
1.) Lege das Backpapier auf das Blech und bestreiche es dünn mit einem Pinsel mit etwas Sonnenblumenöl, damit die gebrannten Mandeln hier später nicht anhaften.

2.) Lass das Wasser, den Zucker, den Vanillezucker und den Zimt kurz in der beschichteten Pfanne aufkochen, rühre die Masse dabei immer weiter um.

3.) Gib nun die Mandeln hinzu, lass alles weiter köcheln. Wichtig: Hör nicht auf zu rühren, denn der Zucker kann in wenigen Sekunden am Pfannenboden festkleben und verbrennen!

4.) Lass die Mandeln so lange kochen, bis das Wasser verdunstet ist und die Mandeln gleichmäßig vom Zucker überzogen sind.

5.) Rühre so lange weiter, bis der Zucker karamellisiert. Gib die Prise Salz dazu.

6.) Nun verteilst du die Mandeln mit dem Pfannenwender auf dem mit Backpapier ausgelegten Blech und lässt sie auskühlen. Achte darauf, dass sie sich möglichst wenig berühren, denn sonst verkleben sie miteinander.

Tipp: Wenn du Lust hast, ein paar Geschmacksexperimente zu wagen, versuche es mal statt Zimt und Vanillezucker mit folgenden Gewürzen: Kardamom, Kokosflocken, Salz oder Paprika. Übrigens lassen sich auch Haselnuss- oder Sonnenblumenkerne, Macadamianüsse, Erdnüsse, Cashewkerne und viele weitere Nusssorten auf diese Weise veredeln. Probieren geht über Studieren!

WINTER: WEIHNACHTSENGEL AUS WÄSCHEKLAMMERN

Weihnachtszeit ist Engelszeit. Momentan flattern die himmlischen Boten wirklich überall umher und verbreiten festliche Stimmung. Sehr süß und wirklich kinderleicht sind diese Figürchen aus Rundkopf-Wäscheklammern nachzubasteln. Eine tolle Deko für den Tannenbaum oder ein hübsches Geschenk zu Weihnachten – denn so ein Schutzengelchen kann wirklich jeder gut gebrauchen!

Das brauchst du:

Rundkopf-Wäscheklammern aus Holz
Wasserfeste Filzstifte
Engelshaar
Geschenk- oder Silber-/Goldpapier
Heißklebepistole
Schere
Bleistift
Spitze Buntstifte für Augen, Mund, Nase und Bäckchen
Glitzerndes schmales Geschenkband (ca. 6mm) aus Stoff/Tüll als Schal für den Hals
Breiteres Geschenkband oder bunten Tesafilm (Masking Tape) (ca. 2 cm) als Bauchbinde

Und so wird's gemacht:

1.) Für das Kleid deines Engels bemalst du den langen Teil der Wäscheklammer in deiner Lieblingsfarbe.

2.) Nun malst du mit den spitzen Buntstiften vorsichtig das Gesicht auf. Drehe die Wäscheklammer vorher so, dass sich die Öffnung seitlich befindet.

3.) Schneide etwa 6 cm des schmalen Geschenkbandes ab und knote es als Schal um den Hals deines Engels.

4.) Schneide etwa 2 cm von dem breiten Geschenkband ab und klebe es um die Körpermitte, bzw. klebe das Masking Tape auf. Achte darauf, dass die Schnittstelle jeweils hinten ist.

5.) Male mit dem Bleistift Flügel auf das Geschenk-, Silber- oder Goldpapier und schneide sie aus. Klebe die Flügel oberhalb der Bauchbinde an der Rückseite deiner Engelsfigur (dort, wo auch die Schnittstelle des Geschenkbandes ist) fest.

6.) Je nachdem, ob dein Engel eine Langhaar- oder Kurzhaarfrisur haben soll, nimmst du entsprechend Engelshaar und klebst es mit dem Heißkleber auf dem Kopf auf. Alternativ kannst du die Frisur auch aufmalen.

WICHTIGE TELEFONNUMMERN

POLIZEI/NOTRUF	110
NOTARZT/FEUERWEHR	112
ÄRZTLICHER BEREITSCHAFTSDIENST	19292
GIFT-NOTRUF MAINZ	06131 19240

MEDIZINISCHE HILFE
Kinderärztliche Notdienste

Universitätsklinik Frankfurt
Haus 32 Eingang C
Theodor-Stern-Kai 7
60596 Frankfurt
069 63017170
Kinderärztlicher Notdienst nur am
Mittwoch und Freitag 16 bis 20 Uhr
und Samstag, Sonntag,
Feiertage von 9 bis 20 Uhr.
069 63015249 Notaufnahme

Klinikum Höchst
Gotenstraße 6–8
65929 Frankfurt
069 31063322

Clementinen Kinderhospital
Theobald-Christ-Straße 16
60316 Frankfurt
069 949920

Kinderchirurgischer Notdienst
im Bürgerhospital
Nibelungenallee 37–41
60318 Frankfurt
069 1500324

Zahnärztlicher Notdienst
Universitätsklinik Frankfurt
Haus 29 a
Theodor-Stern-Kai 7
60596 Frankfurt
069 63015877
Montag bis Freitag von 17 bis 19.30 Uhr
sowie Samstag, Sonntag und an Feier-
tagen von 10.30 Uhr bis 19.30 Uhr.

Notdienst Kassenzahnärztliche
Vereinigung Hessen
01805 607011

NOTFALLNUMMERN

Kinder- und Jugendschutztelefon
0800 2010111
Kostenfreie Telefonnummer
Montag bis Freitag von 8 bis 23 Uhr,
am Wochenende von 10 bis 23 Uhr.

Nummer gegen Kummer – Kinder-
und Jugendtelefon
116111

Deutscher Kinderschutzbund
069 97090120

Elterntelefon
0800 1110550

Frauen-Notruf
069 709494
Notmütterdienst
069 9510330

Störungsstelle Mainova Notruf
(Strom, Erdgas, Fernwärme,
Straßenbeleuchtungsanlagen)
069 21388110

Sperr-Notruf
(EC-, Kreditkarte, Handy-Karte etc.)
116 116

Fundbüro der Stadt Frankfurt
069 21242403

Sperrmüll
Frankfurter Entsorgungs- und Service GmbH (FES). Termin zur Sperrmüllabholung: 0800 200800710 bzw. www.fes-frankfurt.de/buerger/entsorgung/sperrmuell

VERHALTEN BEI NOTFÄLLEN

Die fünf Ws im Notruf-Fall.
Bitte bei Anruf sofort folgende Informationen durchgeben:

Wo ist der Unfall?

Was ist passiert?

Wie viele Verletzte/Erkrankte gibt es?

Welche Art von Verletzungen/Erkrankungen?

Warten auf Rückfragen, nicht gleich auflegen!

BILDNACHWEIS

NOTIZEN

NOTIZEN

NOTIZEN

NOTIZEN

NOTIZEN

NOTIZEN